Prof. Dr. F.-Michael Stark

Psychosen

Psychotische Störungen erkennen, behandeln und bewältigen

Mitautoren:
Prof. Dr. med. Gerd Buchkremer
Hans-Jürgen Claußen
Dr. Ingeborg Esterer
Prof. Dr. Dipl.-Psych. Kurt Hahlweg
Prof. Dr. med. Hans-Jürgen Luderer
Prof. Dr. med. Dieter Naber

Mosaik Verlag

Inhalt

I n h a l t

Vorwort

Psychotische Symptome sind Krankheitszeichen, die für Patienten und Angehörige meist sehr belastend sind. Sie verändern die Art und Weise, wie die Patienten sich selbst erleben und wie sie ihren Mitmenschen gegenübertreten. Während der Krankheitsphasen können die Betroffenen sich tiefgreifend verändert fühlen. Sie hören Stimmen von Personen, die nicht im Raum sind, fühlen sich von anderen Menschen bedroht und kommen in der Nacht nicht mehr zur Ruhe. Häufig erkennen sie nicht, daß diesen Erlebnissen eine Krankheit zugrunde liegt.

Werden solche psychotischen Krankheitszeichen beobachtet, sind Patienten und Angehörige verunsichert. Fragen tauchen auf, Ratschläge werden erteilt, und meist erhalten die Betroffenen widersprüchliche Auskünfte. Doch nicht alle Menschen, die Stimmen hören, leiden unter einer Psychose oder Schizophrenie.

Dieses Buch soll Patienten und Angehörigen Gelegenheit geben, sich über diese Symptomatik und die möglichen Krankheiten, die dahinterstecken können, zu informieren. Es vermittelt Grundlagenwissen über Ursachen, Häufigkeit und Verlauf der Erkrankungen, zeigt die verschiedenen Möglichkeiten der Behandlung und Vorbeugung auf und gibt Auskunft in Rechtsfragen.

Ein Patient, der viel über seine Krankheit weiß, kann sich seinem behandelnden Arzt klarer mitteilen und versteht auch dessen Fragen und Empfehlungen wesentlich besser. Dieser Ratgeber will dazu beitragen, das Gespräch zwischen Patient, Angehörigen und Arzt zu erleichtern.

Kapitel 1

Schizophrenie – Was ist das?

Die meisten Menschen können mit dem Wort »Schizophrenie« nicht sonderlich viel anfangen. Eindeutig ist aber: Es bedeutet nichts Gutes. »Das ist doch schizophren«, sagt man, wenn man eine Meinung als abwegig, widersprüchlich und dumm hinstellen will. »Schizophren« ist ein Schimpfwort.

Genau das wollte der schweizerische Psychiater Eugen Bleuler (1857–1939) vermeiden, als er 1911 den Begriff »Schizophrenie« prägte. Sein Ziel war es, mit diesem Wort eine abwertende Krankheitsbezeichnung durch eine neutrale zu ersetzen. Damals wurde diese Krankheit nach dem deutschen Psychiater Emil Kraepelin (1856–1926) »Dementia praecox« genannt, das heißt vorzeitiger Verlust der geistigen Fähigkeiten. Eugen Bleuler vertrat demgegenüber die Auffassung, daß nicht der Verlust der geistigen Fähigkeiten das typische Merkmal dieser Erkrankung ist, sondern die Denk-Spaltung (Schizophrenie), die Uneinheitlichkeit im Denken, Fühlen und Wollen. Diese Uneinheitlichkeit äußert sich in mangelndem Zusammenhang des Denkens, in abgeschwächten oder widersprüchlichen Gefühlen, im Rückzug vor anderen Menschen und in mangelnder Kontrolle der eigenen Gedanken.

> **Der schweizerische Psychiater Eugen Bleuler prägte 1911 den Begriff »Schizophrenie«**

Die Krankheitsbezeichnung »Schizophrenie« hat sich inzwischen überall auf der Welt durchgesetzt. Wenn Ärzte mit Patienten oder Angehörigen sprechen, versuchen sie aber häufig, dieses Wort zu vermeiden. Sie sagen statt dessen »Psychose«, meinen damit aber dieselbe Krankheit. Oft wird dies getan, um

> **Schizophrenie ist keine Persönlichkeitsspaltung**

»Schizophrenie« und »Psychose« werden oft synonym für dasselbe Krankheitsbild verwendet

die Gefahr der Stigmatisierung, der Benutzung eines negativen Etiketts, abzuwenden, die durch das noch weitverbreitete veraltete Wissen um diese Erkrankung genährt wird. In diesem Buch wird grundsätzlich die Bezeichnung »Schizophrenie« verwendet, da wir deutlich machen wollen, daß wir alle – Professionelle und Laien – offen und direkt mit dieser Erkrankung umgehen können und das auch tun sollten.

Symptome der Schizophrenie

Das Fühlen, Denken, Wollen oder die Wahrnehmung, die Verarbeitung und Bewertung, das Handeln stimmen nicht mehr in der gewohnten Weise überein

In den folgenden Abschnitten werden die Symptome der Schizophrenie beschrieben. Wir unterscheiden dabei zwischen den Zeichen der akuten Krankheit und den Symptomen außerhalb der akuten Krankheit. Aufgrund der Akutsymptome stellt der Arzt üblicherweise die Diagnose. Die Symptome außerhalb der akuten Krankheit dauern oft länger an. Anderen Menschen fallen diese Krankheitserscheinungen nicht so sehr auf. Sie beeinträchtigen aber das Wohlbefinden und die Leistungsfähigkeit der Patienten ganz erheblich.

Zeichen der akuten Krankheit

Schizophrene Erkrankungen verändern die Art und Weise, wie Patienten sich selbst erleben und wie sie sich gegenüber der Umwelt verhalten. Besonders ausgeprägt sind diese Veränderungen während der akuten Krankheit.
Die Patienten werden von den Krankheitssymptomen in verschiedener Weise getäuscht: Sie nehmen die Wirklichkeit nicht korrekt wahr, beurteilen sie falsch oder verlieren die Kontrolle über ihre Gedanken und ihren Willen.

Sinnestäuschungen

Wenn die *Wirklichkeit falsch wahrgenommen* wird, sprechen wir von Sinnestäuschungen. Bei einer Untergruppe der Sinnestäuschungen ist die Illusion besonders perfekt: Die Patienten

hören, fühlen, sehen, riechen oder schmecken etwas, was überhaupt nicht da ist. Diese Sinnestäuschungen nennen wir Halluzinationen.

Viele Patienten hören Stimmen, obwohl niemand im Raum ist. Die Stimmen unterhalten sich über sie, geben ihnen Anweisungen oder kommentieren das, was sie gerade tun (»Mein Kopf dröhnt von fremden Stimmen«).

Andere Patienten glauben, ihre eigene Stimme laut zu hören, wenn sie etwas denken. Wieder andere hören Töne oder Geräusche, beispielsweise Glockengeläute oder ein Knacken in der Telefonleitung.

Halluzinationen können auch den eigenen Körper betreffen. Fast immer sind diese vorgetäuschten Empfindungen unangenehm, manchmal haben sie auch sexuellen Charakter.

Auch Geruchs- und Geschmackshalluzinationen beinhalten bei Schizophreniekranken fast immer beängstigende Erlebnisse: Patienten nehmen an Speisen, die ihnen vorgesetzt werden, einen unangenehmen oder fremdartigen Geruch und Geschmack wahr und knüpfen daran die Vorstellung, vergiftet zu werden (»Ich soll vergiftet werden. Ich kann es doch deutlich schmecken«).

Halluzinationen sind Sinnestäuschungen: Ich höre, sehe, fühle, rieche, schmecke etwas, was andere nicht wahrnehmen

Wahn

Patienten können durch die akute Krankheit auch auf andere Weise getäuscht werden: *Sie beurteilen die Wirklichkeit falsch.* Diese Täuschung wird als Wahn bezeichnet.

Der Wahn kann verschiedene Inhalte zum Thema haben. Wer sich in nicht realer Weise als Zielscheibe dunkler Machenschaften sieht, wer glaubt, daß Terroristen, Polizei oder Geheimdienste hinter ihm her sind, leidet an *Verfolgungswahn* (»Mein Telefon wird vom Geheimdienst abgehört. Man lauert mir auf«). Wenn ein Patient fälschlicherweise der Überzeugung ist, unheilbar krank zu sein, spricht man von *Krankheitswahn*. (»Ich fühle doch den Knoten im Magen. Die Ärzte wollen mir nur nicht sagen, wie es um mich steht«).

Symptome der Schizophrenie

Wenn der Betroffene sich für den reichsten Mann der Welt oder für den kommenden Landes- oder Weltherrscher hält oder wenn er auf andere Weise seine Begabungen und Fähigkeiten weit überschätzt, nennt man das *Größenwahn*.

Die Krankheit führt manchmal dazu, daß alltägliche Beobachtungen eine völlig andere Bedeutung bekommen, beispielsweise sieht der Patient im Kondensstreifen am Horizont das Zeichen für seine baldige Ernennung zum Vorsitzenden eines großen Industriekonzerns. Oder Verkehrsampeln, Hausnummern, Autonummernschilder tragen eine bestimmte Bedeutung. Sie warnen den Patienten zum Beispiel vor Verfolgern. Handbewegungen werden als untrügliche Liebesbeweise verstanden. Derartige Fehldeutungen nennen wir *Wahnwahrnehmungen* (»Schon wieder drei rote Autos hintereinander, das kann doch kein Zufall sein!«).

Wenn wahnhafte Vorstellungen nicht an Beobachtungen geknüpft sind, sprechen wir von *Wahneinfällen* oder *Wahngedanken*. Werden Wahngedanken und eventuell auch Wahnwahrnehmungen untereinander verknüpft und entsteht daraus ein Gedankengebäude, in dem eines aus dem anderen logisch oder scheinbar logisch hervorgeht, liegt ein *Wahnsystem* vor.

Es hat keinen Sinn, Wahnkranken ihren Wahn mit allen Mitteln ausreden zu wollen. Diese Erfahrung müssen Ärzte und Angehörige immer wieder machen. Patienten mit Krankheitswahn sind nicht oder nur vorübergehend beruhigt, wenn bei ärztlichen Untersuchungen kein krankhafter Befund festgestellt werden kann. Patienten mit Größenwahn sind auch nach Durchsicht ihrer Kontoauszüge überzeugt, über unbeschränkte finanzielle Mittel zu verfügen: Der Wahn ist stärker als die Vernunft.

Trotzdem ist es sinnvoll, daß die Angehörigen dem Patienten die eigene Beurteilung der Realität mitteilen. Der Patient hat dann die Möglichkeit, beide Sichtweisen zu vergleichen und

Wahn ist die falsche Beurteilung der Wirklichkeit: Ich fühle mich verfolgt, man hat sich gegen mich verschworen, ich bin der einzige, der die Welt noch retten kann

sein Urteil zu überprüfen. Unter Umständen merkt er, daß seine Krankheit ihn zwingt, etwas zu glauben, was sein Verstand als falsch erkennt.

Was tun bei Wahnvorstellungen und Halluzinationen?
Ich selbst kann mich als Betroffener bemühen, meinen Angehörigen, engen Freunden oder dem Therapeuten so viel Vertrauen entgegenzubringen, daß ich meine eigenen Überzeugungen doch noch einmal ausspreche und nicht für mich behalte.
Als Außenstehender kann ich in ruhiger, nicht verletzender Weise meine eigene Realität und Überzeugung immer wieder deutlich machen. Es hilft nichts, zum Schein auf die Inhalte der Wahnvorstellungen einzugehen. Dies verstärkt nur das Mißtrauen.

Ich-Störungen

Ich-Störungen:
»Ich weiß, meine Gedanken sind ein offenes Buch für alle anderen«, »Man versucht, meine Gedanken mit den Strahlen aus dem Fernsehturm zu steuern«, »Irgend jemand hat eine Strahlenkanone auf mich ausgerichtet«

Die Freiheit der Gedanken ist ein wichtiges Gut. Selbst in den schlimmsten Diktaturen haben sich Menschen immer mit der Erkenntnis getröstet, daß die Gedanken frei sind und niemand sie erraten kann. Besonders quälend ist deshalb für Patienten die Vorstellung, keine Gedankenfreiheit mehr zu haben. Sie meinen, daß andere Menschen sie zwingen können, bestimmte Dinge zu denken, oder in der Lage sind, ihnen die Gedanken wegzunehmen, ihre Gedanken zu lesen oder ihre Handlungen zu steuern.

Diese Vorstellungen *einer fehlenden Kontrolle über die eigenen Gedanken* werden als Ich-Störungen bezeichnet.

Auch Ich-Störungen sind Täuschungen, ganz ähnlich wie Sinnestäuschungen und Wahn: Die Gedanken und der Willen der Patienten werden in diesem Fall nicht durch andere Menschen, sondern durch die Krankheit beeinflußt.

Symptome der Schizophrenie

Formale Denkstörungen

Akute Schizophrenien können die Gedanken auch auf andere Weise in Unordnung bringen. Manche Patienten klagen, daß sie zu viele Gedanken auf einmal im Kopf haben, daß sie ihre Gedanken nicht mehr zusammenhalten und einen Gedankengang nicht mehr folgerichtig zu Ende führen können. Kurz: Sie leiden unter einer *fehlenden Ordnung der Gedanken*.

Manchmal bricht der Gedankengang ohne erkennbare Ursache ab, oder die Patienten können Fragen, die sie eigentlich verstanden haben, nicht sinngemäß beantworten. Dann wieder werden Gedanken, Wörter oder Silben ohne Zusammenhang aneinandergereiht. Andere Patienten können unter Umständen keine grammatikalisch richtigen Sätze mehr bilden. Bei einer besonders schweren akuten Erkrankung können die Äußerungen völlig unverständlich sein.

Formale Denkstörungen: »Meine Gedanken rasen so schnell, daß ich sie kaum aussprechen kann«, »Plötzlich ist der Kopf leer, wie ausgesaugt«, »Meine Gedanken, meine Worte versteht keiner mehr«

Fehlende Kontrolle über Gefühle und Handlungen

In der akuten Krankheit kommen die meisten Patienten nicht mehr richtig zur Ruhe. Voller Erregung können sie nachts kaum schlafen, tagsüber sind sie ständig in Bewegung oder reden ununterbrochen. Manche lachen ohne erkennbaren Grund. Dieses Lachen hat aber mit Ausgelassenheit und Fröhlichkeit nur selten etwas zu tun. Irgendwann kann die Heiterkeit auch in Gereiztheit umschlagen. Dann kann die Krankheit Patienten dazu bringen, sich gegenüber anderen Menschen aggressiv zu verhalten.

Die übermäßige Hemmung kann man als Gegenstück zur Erregung auffassen. Schwer akutkranke Patienten reagieren nicht auf äußere Einflüsse. Sie essen nicht, trinken nicht, bewegen sich nicht und sprechen kein Wort.

Schwere Erregung und Hemmung sind seit der Einführung der Psychopharmaka glücklicherweise selten geworden und klingen dank der medikamentösen Behandlung nach nur wenigen Stunden wieder ab.

Übermäßige Erregung und Hemmung: »Ich komme nicht mehr zur Ruhe«, »Die Nacht wird zum Tag«, »Meine Gefühle reiben mich auf«, »Ich bin leer und innerlich tot, nur noch eine Fassade«

Symptome außerhalb der akuten Krankheit

Die akute Krankheit wird von den Patienten sehr unterschiedlich erlebt. Wer meint, anderen Menschen weit überlegen zu sein, fühlt sich unter Umständen ganz besonders wohl. Für die meisten Patienten ist die akute Krankheit jedoch nichts als eine Qual: Ständig glauben sie sich beobachtet, ihre Gedanken scheinen für andere ein offenes Buch zu sein, sie hören Stimmen, die über sie reden, die sie beschimpfen und bedrohen, und es hilft nicht, sich die Ohren zuzuhalten oder davonzulaufen.

Wenn sie früh und richtig behandelt werden, klingen die bedrohlichen Symptome relativ schnell wieder ab. Der Kopf wird wieder klar

Es ist nur zu verständlich, daß die Patienten froh sind, wenn die Symptome der akuten Krankheit im Zuge der Behandlung abklingen. Manche fühlen sich nach wenigen Tagen bis wenigen Wochen wieder so, als ob nichts gewesen wäre. Leider verlaufen nicht alle schizophrenen Erkrankungen so günstig.

So kommt es vor, daß die Symptome der akuten Krankheit während der Behandlung nicht völlig verschwinden, sondern in abgeschwächter Form weiterbestehen: Halluzinationen treten dann nur noch kurzfristig auf und können als Täuschungen erkannt werden. An die Stelle von ausgeprägten Wahnsymptomen tritt der Verdacht, daß das eigene Urteil vielleicht doch durch die Krankheit beeinflußt ist.

Auch wenn sich die Symptome der akuten Krankheit vollständig zurückbilden, geht es den meisten Patienten in anderer Weise schlecht. Neue Symptome tauchen auf und verstärken sich.

Negativ- oder Minussymptome: Nachlassen des Interesses, der Gefühle, der Konzentrationsfähigkeit, des Antriebs und der Motivation

Diese Symptome werden unter der Bezeichnung *Negativsymptome* zusammengefaßt. Gemeint ist damit eine Verminderung psychischer Fähigkeiten. Alles läßt nach: die Gefühle, das Interesse an anderen Menschen, das Kontaktvermögen, das Konzentrations- und Durchhaltevermögen, die Fähigkeit zum abstrakten Denken und die Fähigkeit, Belastungen auszuhalten (»Ich kann mich nicht mehr so begeistern wie früher«, »Ich fühle mich immer wie in einem Wattebausch«, »Ich kann mich zu nichts aufraffen«, »Ich kann kein Buch mehr lesen«).

Zu Negativsymptomen kommt es nicht nur nach dem Abklin-

gen der akuten Krankheit. Bei etwa 70 Prozent der Schizophreniekranken gehen sie den Akutsymptomen voraus. Bei 20
Prozent beginnt die Krankheit mit einer Kombination von Akut-
und Negativsymptomen.

Abschwächung der Gefühle
Häufig werden die Gefühle als schwächer und matter erlebt. Es
ist einfach nicht mehr möglich, sich so zu freuen wie früher,
sich für etwas so zu begeistern wie früher, zu lachen und zu
weinen wie in gesunden Tagen.
Leichter ist es, sich von Familienangehörigen, Freunden, Be-
kannten oder Arbeitskollegen mitreißen zu lassen. Stimmung
und Temperament anderer Menschen können abfärben und die
Patienten wenigstens vorübergehend aus ihrer Gefühlsarmut
befreien.

Rückgang der Fähigkeit zu zwischenmenschlichem Kontakt

Die Fähigkeit, Kontakte zu anderen aufzunehmen, ist nicht selten beeinträchtigt. Die Patienten ziehen sich zurück und zeigen wenig Interesse an ihrer Umgebung. Schwerer beeinträchtigte Patienten vernachlässigen die Körperpflege. Wenn eine Kontaktaufnahme unmöglich ist, spricht man in der ausgeprägten Form auch von Autismus.

Es hat wenig Sinn, Patienten, die von sich aus wenig Kontakt aufnehmen, entweder ständig zu intensivem zwischenmenschlichem Austausch zu zwingen oder sie völlig sich selbst zu überlassen. Hilfreich ist es, ihnen Mut zu machen, sich nicht mehr als unbedingt notwendig zurückzuziehen, eher in kleinen Schritten an sich zu arbeiten.

Verminderung des Konzentrations- und Durchhaltevermögens

Viele Patienten bemerken nach Abklingen der akuten Krankheitssymptome, daß sie weniger leistungsfähig sind als vor der Krankheit. Tätigkeiten, die früher leichtfielen, werden jetzt als anstrengend empfunden, alles geht schwerer von der Hand als früher. Es kostet Überwindung, irgend etwas anzufangen. Es kostet auch Überwindung, bei einer Tätigkeit zu bleiben. Ein Arbeiten unter Zeitdruck ist kaum mehr möglich.

Verminderung der Fähigkeit zu abstraktem Denken

Manchen Patienten bereitet es Mühe, den Inhalt eines Buchs oder eines Spielfilms zu erfassen. Schwerer beeinträchtigte Patienten haben sogar Schwierigkeiten, die doppelte Bedeutung, die in Sprichwörtern enthalten ist, zu verstehen oder scherzhafte Äußerungen als solche zu erkennen.

Verminderung der Belastungsfähigkeit

Vieles, was früher wie selbstverständlich zum Leben gehörte oder sogar Freude gemacht hat, ist nach Abklingen der Akutsymptome nur noch eine Last: der Besuch von Freunden, der

Gang durch eine belebte Stadt. Überhaupt alles, was mit Lärm oder vielen Menschen auf engem Raum zu tun hat, fällt schwer. Die allgemeine Mattigkeit zeigt sich oft auch im Bedürfnis, viel zu schlafen. Sieben oder acht Stunden Nachtschlaf reichen nicht mehr aus, zehn oder zwölf Stunden Schlaf sind unbedingt notwendig. Dabei ist der Schlaf leichter störbar: Bei kleinsten Aufregungen fällt das Einschlafen schwer.
Viele Patienten leiden unter körperlichen Beschwerden verschiedenster Art; sie verstärken sich bei äußeren Belastungen: Kopfdruck, Schwindelgefühle, Neigung zu Schweißausbrüchen und vieles andere mehr. Das sexuelle Verlangen und die Potenz sind zudem oft vermindert.

Viele körperliche Beschwerden treten auf wie Kopfdruck, Schwindelgefühle, Neigung zu Schweißausbrüchen; die Lust auf Sexualität schwindet

Wie werde ich mit den Symptomen nach der akuten Krankheitsphase fertig?

Wer derartige Störungen bei sich erlebt, kann sich oft gar nicht so recht darüber freuen, daß die akute Krankheit abgeklungen ist. Dies gilt um so mehr, als die Negativ- oder Minussymptome oft über längere Zeit andauern und weniger gut auf eine medikamentöse Behandlung ansprechen.
Viele Patienten fragen sich dann: »Was ist mit mir los? Werde ich wieder so, wie ich früher war?« Aber auch: »Sind vielleicht die Medikamente schuld, daß ich nicht mehr in Schwung komme? Schaden mir die Medikamente mehr, als sie nützen?«
In dieser Situation ist es wichtig, nicht die Flinte ins Korn zu werfen.
Die Negativ- oder Minussymptome klingen meist nur langsam und manchmal auch nicht vollständig ab. Eine wesentliche Besserung ist erst im Verlauf von Wochen oder Monaten zu erwarten, in vielen Fällen tritt sie sogar erst nach Jahren ein.
Durch eine in der Akutbehandlung oft notwendige höher dosierte medikamentöse Behandlung können die Negativsymptome verstärkt werden. Diese Nebenwirkung klingt allerdings ab, sobald die Medikamentendosis verringert werden kann.

Schnelle Hilfe?
Geduld ist wichtig nach der akuten Krankheitsphase. Die Negativsymptome klingen meist nur langsam ab. Der Kopf braucht Zeit, um sich zu erholen. Wie viele Wochen benötigen wir nach einem schweren, komplizierten Beinbruch, um wieder laufen zu können?

Wie stellt der Arzt die Diagnose?

Eine psychische Erkrankung kann man nicht aus den Blutwerten oder den Röntgenbildern ablesen. Der Arzt muß mit Ihnen und Ihren Angehörigen ausführliche Gespräche führen

Wenn ein Kranker ärztliche Hilfe sucht, ist es die Aufgabe des Arztes, eine Diagnose zu stellen. Der Ratsuchende schildert dem Arzt zunächst seine Beschwerden. Einige dieser Beschwerden werden vom Arzt als Krankheitssymptome gedeutet. Er vermutet eine bestimmte Erkrankung, untersucht den Patienten, nimmt ihm unter Umständen Blut ab und führt bestimmte technische Zusatzuntersuchungen (zum Beispiel Röntgenaufnahmen) durch.

Die auf diese Weise gesammelten Befunde ergeben nach und nach ein klares Bild. Mit jedem neuen Befund steigt die Sicherheit der Diagnose.

Technische Zusatzuntersuchungen dienen bei den meisten psychischen Krankheiten nicht dazu, eine Diagnose zu beweisen. Sie helfen aber, körperliche Krankheiten zu erkennen, die sich in ähnlichen Symptomen äußern können (siehe hierzu auch den Abschnitt »Andere Krankheiten und psychotische Symptome«).

Für die Diagnose einer Schizophrenie oder Psychose gibt es keine sicheren und jederzeit nachprüfbaren Beweise, etwa in Form von Röntgenbildern oder Laborwerten. Eine Schizophrenie kann nur aufgrund einer Sammlung von bestimmten Symptomen festgestellt werden. Manchmal dauert es einige Wochen, bis eine endgültige Diagnose feststeht.

Was sind Psychosen?

Psychosen sind verschiedene psychische Erkrankungen eines bestimmten Schweregrads. Es handelt sich um Erkrankungen, die nicht nur einmal aus einem Konflikt heraus entstehen oder als Reaktion auf ein bestimmtes Ereignis auftreten, sondern es sind Erkrankungen, die deutliche und schwerwiegende innere psychische Veränderungen des Menschen nach sich ziehen.

Zur Gruppe der Psychosen werden

- auf der einen Seite die *schizophrenieähnlichen Erkrankungen* gezählt. Dazu gehören die schizophrenen Erkrankungen wie die paranoid halluzinatorische, die hebephrene und die katatone Schizophrenie sowie weitere seltene Unterformen der Schizophrenie.
- auf der anderen Seite gehören die sogenannten *affektiven* (im Gefühl sich ausdrückenden) *Psychosen* dazu. Das sind die schwersten Depressionen und Manien und die sogenannte Zyklothymie, der Wechsel zwischen manischen und depressiven Phasen.
- Die sogenannten *schizoaffektiven Erkrankungen* siedelt man genau zwischen den beiden Untergruppen an.

Welche Symptome erlauben die Diagnose einer Schizophrenie?

Wenn ein Patient Stimmen hört, die Kontrolle über die eigenen Gedanken oder den eigenen Willen verloren hat oder wenn er unter Verfolgungs- oder Größenwahn leidet, liegt eine Schizophrenie vor.

Zusätzlich wird diese Diagnose gestellt, wenn wenigstens zwei der folgenden Symptome bestehen: Sinnestäuschungen bei anderen Wahrnehmungen (Sehen, Riechen, Schmecken), fehlende Ordnung der Gedanken (formale Denkstörungen), übermäßige Erregung oder übermäßige Hemmung oder Abschwächung der Gefühle.

Was sind Manien?

Krankheiten mit gehobener Stimmung und gesteigertem Antrieb nennt man Manien.

Manische Krankheiten können für die Patienten mitunter recht angenehm sein – wenn sie gutgelaunt neue Ideen entwickeln und diese Ideen in die Tat umsetzen. Solche Phasen sind allerdings fast nie von langer Dauer. Meist schmieden die Patienten Pläne, die kaum realisierbar sind. Rastlos beginnen sie Unternehmungen, sie reden ununterbrochen und kommen nicht zur Ruhe.

Oft besteht auch ein Größenwahn: Die Patienten fühlen sich als tatkräftige Geschäftsleute und Unternehmer, als begnadete Wissenschaftler und Künstler oder als geistliche oder weltliche Führer.

Die Patienten sind in der akuten Phase meist nicht in der Lage, die eigene Erkrankung zu erkennen.

Was sind Depressionen?

Bei depressiven Krankheiten leiden die Patienten unter Symptomen, die weit über eine normale Phase von Traurigkeit hinausgehen. Sie sind niedergeschlagen und nicht in der Lage, sich abzulenken. Sie zweifeln ständig an sich.

In der Regel geht es den depressiven Patienten jeden Tag gleich schlecht. Gerade diese Gleichförmigkeit ist so schwer erträglich und verstärkt das ohnehin vorhandene Gefühl der Hoffnungslosigkeit.

Dinge, die normalerweise leicht von der Hand gehen, bereiten ungeheure Mühe. Besonders schwer ist es, sich überhaupt einmal zu etwas aufzuraffen. Niedergeschlagenheit und fehlender Schwung sind oft morgens, unmittelbar nach dem Aufwachen, am schlimmsten. Das bezeichnet man als Morgentief. Das Denken bereitet Mühe. Alles geht viel langsamer als sonst. Damit einhergehende Wahnsymptome haben in der Regel Unfähigkeit, Schuld oder Krankheit zum Thema.

Was sind schizoaffektive Krankheiten?

Schizoaffektive Krankheiten sind in ihrem Erscheinungsbild den Schizophrenien recht ähnlich. Zusätzlich zu den typischen Symptomen einer Schizophrenie bestehen während der akuten Krankheit ausgeprägte Veränderungen der Stimmung und des Antriebs: gehobene Stimmung und gesteigerter Antrieb oder gedrückte Stimmung und verminderter Antrieb.

Wenn zu Symptomen einer Manie die einer Schizophrenie hinzukommen, spricht man von schizomanischen Krankheiten. Krankheiten mit Symptomen der Schizophrenie, gedrückter Stimmung und vermindertem Antrieb werden dementsprechend als schizodepressive Krankheiten bezeichnet. Die Patienten fühlen sich durch diese Störung schwer beeinträchtigt. Sie leiden unter den depressiven Symptomen meist mehr als unter den Zeichen der akuten Schizophrenie.

Andere Krankheiten und psychotische Symptome

Es gibt andere Krankheiten, bei denen psychotische Symptome auftreten oder die mit einer Schizophrenie verwechselt werden können. Ein Arzt lernt im Verlauf seiner Ausbildung, Krankheiten, die sich in ihrem Erscheinungsbild ähneln, zu unterscheiden. Um Schizophrenien von anderen Krankheiten zu unterscheiden, zieht er psychische und körperliche Untersuchungsbefunde heran.

Akute Schizophrenien können

1. mit psychischen Ausnahmezuständen im Rahmen von Angstkrankheiten,
2. mit Depressionen, Manien oder schizoaffektiven Krankheiten und Borderline-Persönlichkeitsstörungen,
3. mit anderen akuten oder chronischen Wahnkrankheiten oder
4. mit manchen körperlichen Krankheiten verwechselt werden.
5. Drogen, aber auch
6. manche Medikamente können durch ihre Wirkung oder Nebenwirkung schizophrenieähnliche Symptome hervorrufen.

In Ausnahmezuständen bei Angsterkrankungen oder bei einem Nervenzusammenbruch können kurzfristig psychoseähnliche Symptome beobachtet werden: »Die Welt hat sich um mich herum so komisch verändert«

1. Psychische Ausnahmezustände

Im Rahmen von Angstkrankheiten gibt es manchmal psychische Ausnahmezustände. Manche Patienten werden von Befürchtungen und Ängsten derart gefangengenommen, daß sie vorübergehend nicht mehr zwischen ihren Ängsten und der Realität unterscheiden können. Meistens dauern derartige Ausnahmezustände nur kurze Zeit an. Nur dann sind die Patienten nicht in der Lage, ihre Wahrnehmung und ihr Urteil zu kontrollieren.

2. Depressionen, Manien oder schizoaffektive Krankheiten

Auch bei reinen Depressionen können wahnhafte Verkennungen vorkommen, etwa der Verarmungswahn oder der Krankheitswahn

Bei Depressionen dominieren Schlafstörungen, gedrückte Stimmung und gebremster Tatendrang, bei Manien Schlafstörungen, übertrieben heitere Stimmung und gesteigerter Tatendrang. Wahnsymptome entwickeln sich später, zu Sinnestäuschungen kommt es nur selten.

Bei schizoaffektiven Krankheiten treten Symptome der Depression oder Manie gleichzeitig mit typischen Symptomen der Schizophrenie auf und sind stärker ausgeprägt als bei reinen Depressionen oder Manien.

3. Andere akute oder chronische Wahnkrankheiten

Schizophrenien, schizoaffektive Krankheiten, Depressionen und Manien dauern meist mehrere Wochen, Monate oder Jahre an. Wenn sich eine Krankheit mit Wahnsymptomen sehr rasch entwickelt und sich innerhalb von zwei Wochen zurückbildet, spricht man von einer akuten psychotischen Störung. Chronisch verlaufende Wahnkrankheiten ohne sonstige Symptome einer Schizophrenie treten vor allem bei mißtrauischen, vereinsamten und durch Schwerhörigkeit behinderten Menschen auf. Nahe Angehörige chronisch schizophreniekranker Menschen lassen sich manchmal durch die Wahnsymptome des Patienten verunsichern und übernehmen die wahnhaften Überzeugungen. Man spricht dann von induziertem Wahn oder von einer Folie à deux.

Fallgeschichte

Frau M. (60) wird wunderlich. Sie kontrolliert die Hausschlüssel zigmal. Sie verdächtigt die Hauspflegerin, daß sie sie bestohlen hat und daß sie wichtige Dinge, zum Beispiel die Brille, absichtlich versteckt. Der Ehemann von Frau M. starb vor einem halben Jahr, kurz danach mußte der Dackel nach 13 Jahren Lebenszeit eingeschläfert werden. Seitdem ist Frau M. nicht mehr aus dem Haus gegangen.

Hinter diesem Verhalten verbirgt sich möglicherweise eine schwere Depression mit Wahnvorstellungen, die durch die soziale Isolation verschärft werden.

Therapie: Aufbau sozialer Kontakte, eventuell Behandlung der Depression mit Medikamenten.

4. Körperliche Krankheiten

Krankheiten, die das Gehirn direkt oder indirekt betreffen, können Symptome hervorrufen, die von denen einer akuten Schizophrenie nicht zu unterscheiden sind. Zu diesen Krankheiten zählen Gehirntumore, Entzündungen des Gehirns und seiner Häute, Hirndurchblutungsstörungen, Verletzungen des Gehirns, Blutungen im Bereich des Gehirns und der Hirnhäute, Anfallskrankheiten (Epilepsien), aber auch Störungen des Hormonstoffwechsels oder Vergiftungen.

Um diese Krankheiten nicht zu übersehen, muß der Arzt vor allem beim ersten Auftreten von Symptomen einer Schizophrenie den Patienten umfassend untersuchen. Außer der psychiatrischen Exploration (dem gezielten Befragen des Patienten) ist es notwendig, eine körperliche Untersuchung durchzuführen und Blut und Urin abzunehmen. Er wird eine Hirnstromkurve (EEG – Elektroenzephalogramm) aufzeichnen lassen, um beispielsweise ein Anfallsleiden (Epilepsie) auszuschließen. Schließlich wird er ein Schädel-Computertomogramm (CCT –

computergestützte Röntgenaufnahme des Gehirns) durch-
führen, um nach Hirnblutungen oder Hirntumoren zu fahnden.
Eindeutige krankhafte Befunde bei diesen Untersuchungen
sprechen gegen das Vorliegen einer Schizophrenie.

Fallgeschichte
Der Großvater (87) wurde vor einer Woche wegen eines
Oberschenkelhalsbruches operiert. Jetzt liegt er im Bett
und sagt zu seinen Kindern und Enkeln: »Seht ihr denn
nicht das Bild dort an der Wand?« Oder: »Was machen denn
all die vielen Leute hier in meinem Zimmer?«
Ist der alte Mann schizophren?
Nein! Postoperative Halluzinationen und Wahnvorstellungen klingen meist von selbst oder durch eine kurzfristige
Behandlung mit neuroleptischen Medikamenten schnell
wieder ab.

5. Drogenkonsum und akute Vergiftungen
Als Folge eines Drogenkonsums kann das Gesamtbild der Symptomatik von Halluzinationen, Wahnvorstellungen bis hin zu
schweren Denkstörungen auftauchen. Dies gilt insbesondere
bei Drogen wie Opiaten, Crack, Ecstasy, Kokain, LSD, psyche-
delischen Pilzen und anderen amphetaminhaltigen Stoffen.
Diese Erscheinungsbilder können selbst bei zwischenzeitlicher
Drogenabstinenz als sogenanntes Flash-Back-Syndrom nach
Jahren wieder auftreten.

6. Nebenwirkungen von bestimmten Medikamenten
Halluzinationen und Angstzustände können auch als Nebenwirkung bestimmter Medikamente auftreten, zum Beispiel bei der
Chemotherapie in der Krebsbehandlung, bei starken Antibioti-
ka, bei Glucocorticoiden (etwa bei der Therapie von Multipler

Sklerose), bei Rheumaerkrankungen, allergischen Prozessen oder Asthma. Bei der medikamentösen Therapie der Parkinson-Krankheit und selten auch nach Einnahme von frei verkäuflichen Medikamenten zur schnellen Gewichtsabnahme, die manchmal amphetaminhaltige Substanzen enthalten, können sich ebenfalls psychotische Symptome zeigen.

Scheuen Sie sich nicht, Ihren Arzt auf plötzliche seltsame Veränderungen, die Sie an sich bemerken, aufmerksam zu machen. Es könnte die Nebenwirkung eines Medikaments sein

Achtung
Bei Halluzinationen, Wahnvorstellungen und verändertem Denken und Fühlen sofort einen Psychiater aufsuchen, um eventuelle schwerwiegende körperliche Krankheiten auszuschließen. Wenn Sie diese Phänomene bei einem Angehörigen bemerken, sollten Sie nachdrücklich darauf bestehen, daß er einen Arzt konsultiert.

Sind Schizophreniekranke gefährlich?

Oft werden psychisch Kranke und insbesondere Schizophreniekranke von der Öffentlichkeit auch heute noch als unberechenbar, fremdartig und gefährlich eingeschätzt. Diese Einstellung hat sich in den vergangenen zwanzig Jahren zwar etwas abgemildert, aber sie ist nie ganz verschwunden. Verstärkt wurde die Angst vor psychisch Kranken in Deutschland vor allem durch die Attentate auf die Politiker Oskar Lafontaine und Wolfgang Schäuble im Jahr 1990.
Betrachtet man die wissenschaftliche Literatur zu diesem Thema, insbesondere die umfangreiche Untersuchung der Psychiater Wolfgang Böker und Heinz Häfner aus dem Jahr 1973, ist die Angst vor psychisch Kranken insgesamt unberechtigt. Eine gewisse Vorsicht gegenüber Schizophreniekranken mit schweren Symptomen der akuten Krankheit ist allerdings immer angebracht.

Eine rechtzeitige Behandlung schützt vor einer möglichen Gefährdung, wenn die Halluzinationen und Wahnvorstellungen überhandnehmen

Nur sehr wenige Schizophreniekranke werden gewalttätig. So geht von ausreichend behandelten Patienten keine Gefahr aus. Gewalttaten kommen fast nur bei unbehandelten oder unzureichend behandelten Patienten vor, bei denen schwere Wahnsymptome über längere Zeit bestehen. Wenn diese Patienten Angst haben und sich bedroht fühlen, wenn Stimmen ihnen befehlen, sich oder anderen etwas anzutun, muß mit gefährlichen Reaktionen gerechnet werden. Dann ist es erforderlich, daß die betreffenden Patienten möglichst schnell eine Behandlung erhalten, notfalls auch gegen deren Willen (siehe dazu Seite 78).

Kapitel 2

Ursachen und Verlauf der schizophrenen Erkrankung

Wie häufig sind schwere psychische Erkrankungen?

Ein Drittel aller Menschen entwickelt wenigstens einmal im Verlauf des Lebens Symptome einer psychischen Krankheit. 16 Prozent haben Probleme mit Alkohol, Medikamenten oder Drogen, 15 Prozent leiden unter Ängsten, 8 Prozent unter Depressionen. Einer von hundert (1 Prozent) erkrankt im Verlauf seines Lebens an einer Schizophrenie. Schizophrenien sind somit, verglichen mit anderen psychischen Krankheiten, vergleichsweise selten. Sie sind aber nicht so selten, wie psychisch Gesunde meinen. Wenn man sich ein Fußballstadion mit 50 000 Besuchern vorstellt, befinden sich darin immerhin 500 Personen, die irgendwann einmal eine akute Schizophrenie durchgemacht haben.

Schizophrenien treten in der ganzen Welt etwa gleich häufig auf. Dies ist bemerkenswert und zeigt, daß Klima, Hautfarbe, Kultur, Intelligenz und Gesellschaftsordnung einen vergleichsweise geringen Einfluß auf die Häufigkeit, mit der die Krankheit auftritt, haben.

Frauen erkranken etwa gleich häufig, aber in einem späteren Lebensalter als Männer. Die Krankheit beginnt bei Männern meist mit 20 bis 25, bei Frauen mit 25 bis 30 Jahren. Warum das so ist, kann man nicht mit Sicherheit sagen. Möglicherweise haben Östrogene eine schützende Wirkung.

Das Erkrankungsrisiko bei Verwandten

Das Erkrankungsrisiko bei Verwandten Schizophreniekranker liegt etwas höher als bei der Durchschnittsbevölkerung. 4 Prozent der Enkel eines schizophreniekranken Großvaters oder einer schizophreniekranken Großmutter erkranken später selbst. Wenn ein Bruder, eine Schwester oder ein Elternteil krank ist, liegt die Wahrscheinlichkeit bei 10 bis 13 Prozent. Wenn beide Eltern an einer Schizophrenie leiden, steigt sie auf ungefähr 45 Prozent.

Bei eineiigen Zwillingen, also Menschen mit identischen Genen, liegt die Gefährdung, selbst schizophren zu erkranken, bei »nur« 45 Prozent, wenn der Zwillingsbruder oder die Zwillingsschwester an Schizophrenie leidet.

Diese Befunde sprechen dafür, daß die Veranlagung zur Schizophrenie nur teilweise vererbt werden kann und daß folglich sonstige psychologische und soziale Einflüsse ebenfalls von großer Bedeutung sind. Die Art und Weise, in der die Anlage für eine schizophrene Erkrankung vererbt wird, ist jedoch bis heute noch nicht bekannt.

Schizophrenie und Kinderwunsch

Kinder? Warum nicht? Aber diese Entscheidung will gut überlegt sein, wenn einer der Partner an einer schizophrenen Erkrankung leidet

Viele schizophreniekranke Patienten, die diese Zahlen erfahren, stellen sich die Frage: »Werden meine Kinder auch krank?«

Diese Frage ist nicht leicht zu beantworten. Alle Eltern möchten gesunde Kinder haben, aber niemand kann sicher sein, daß dieser Wunsch in Erfüllung geht. Manchen wird eine etwa zehnfach erhöhte Erkrankungswahrscheinlichkeit bereits zu gefährlich sein. Andere werden sich sagen: »Die Wahrscheinlichkeit, daß unser Kind gesund bleibt, liegt fast bei 90 Prozent, und wir sind bereit, dieses Risiko einzugehen.«

Frauen stehen noch vor einem anderen Problem. Sie müssen damit rechnen, daß das Risiko, nach der Geburt erneut zu erkranken, höher ist als in ruhigeren Zeiten. Sie fragen sich dann:

»Kann ich mein Baby auch versorgen? Wer kümmert sich um das Kind, wenn ich es mal nicht betreuen kann?«

Jeder Mensch hat selbstverständlich das Recht, Kinder in die Welt zu setzen. Die Entscheidung für oder gegen ein Kind kann nur das Paar selbst treffen. Wenn einer der beiden Partner an einer Schizophrenie leidet, muß eine solche Entscheidung sorgfältig überlegt werden.

Der aktuelle Wissensstand

Die genaue Ursache der Schizophrenie ist bis heute unbekannt

Die genaue Ursache der Schizophrenie ist bis heute unbekannt. Schon Bleuler, einer der frühen Väter der Schizophrenieforschung, sprach Anfang des Jahrhunderts von der »Gruppe der Schizophrenien«.

In den fünfziger Jahren meinte man, vor allem seien die Eltern schuld. Man nahm damals an, daß die Art und Weise, wie insbesondere die Mutter, aber auch der Vater, mit dem Kind umgeht, zur späteren Entwicklung einer Schizophrenie beitragen könnte. Gemeint war eine Art Doppelbödigkeit im emotionalen Austausch.

Sind die Mütter schuld? Heute weiß man, daß das nicht zutrifft

Diese Behauptung konnte nie wissenschaftlich nachgewiesen werden; sie hat aber viel Leid über die Angehörigen gebracht, die sich ausgegrenzt und beschuldigt gefühlt haben. Dies waren keine guten Voraussetzungen für eine notwendige enge und vertrauensvolle Zusammenarbeit.

Bis heute kann das erste Auftreten der Erkrankung weder klar vorhergesagt noch eindeutig verhindert werden. Insofern nutzt es wenig, zurückzuschauen und sich zu fragen: »Was habe ich falsch gemacht?« Wichtiger ist jetzt, zu überlegen: »Was kann ich zur Genesung beitragen?«

Neue Modellvorstellungen zum Krankheitsverlauf

In den letzten Jahren sind nützliche Modellvorstellungen entwickelt worden, die zwar nicht die Ursache der Erkrankung eindeutig erklären können, aber wertvolle Hinweise auf Bedingungen geben, die einen Rückfall oder eine Verschlechterung auslösen können.

Für drohende Rückfälle oder einen ungünstigen Krankheitsverlauf spielen zwei wesentliche Faktoren eine Rolle:

1. eine vermutlich biologisch bedingte Anfälligkeit für die Erkrankung, die man als Empfindlichkeit oder Verletzlichkeit bezeichnen könnte, und
2. massiv belastende psychische und soziale Bedingungen.

Sowohl bei den biologischen als auch bei den sogenannten psychosozialen Einflüssen gibt es sowohl langfristig einwirkende Faktoren als auch aktuelle Schädigungen oder starke Belastungen.

Daß hier mehrere Komponenten zusammenwirken, erscheint auf den ersten Blick plausibel, da auch die Zwillingsforschung bei eineiigen Zwillingen, die genetisch identisch sind, »nur« eine Erkrankungsgefährdung von etwa 45 Prozent und nicht 100 Prozent festgestellt hat.

Die erhöhte Empfindlichkeit

Biologisch betrachtet haben sich als mögliche Ursachen einer erhöhten Empfindlichkeit herauskristallisiert:

- genetische Belastung, also eine möglicherweise vererbte Empfindlicheit, wenn Elternteile oder nahe Verwandte auch an einer schweren psychischen Krankheit leiden oder gelitten haben,
- Störungen der Hirnentwicklung des Embryos während der Schwangerschaft, des Neugeborenen durch Komplikationen während der Geburt, des Heranwachsenden durch bestimmte Erkrankungen wie zum Beispiel Hirnhautentzündungen,
- aber auch konkrete Schädigungen und Vergiftungen durch Drogenkonsum, Alkohol, Medikamentenmißbrauch, Alltagsdrogen wie Nikotin und Kaffee und nachhaltige Fehlernährung.

Eine bestimmte Empfindlichkeit oder Verletzlichkeit läßt einen Menschen unter psychischen und sozialen Belastungen psychotisch reagieren

Untersuchungen über die Schnelligkeit und Reaktionsbeweglichkeit des Nervensystems haben gezeigt, daß diese Menschen durch Störreize leichter irritiert werden und mit ihrem Nervensystem in anderer Weise reagieren als Personen, die diese spezifische Verletzlichkeit nicht aufweisen.

Mit anderen Worten: Empfindliche Menschen haben dadurch oft eingeschränkte Fähigkeiten im sozialen Umgang und damit geringere Möglichkeiten, Konfliktsituationen zu bewältigen. Um hier gleich einem möglichen Vorurteil zu begegnen: Dies hat mit mangelnder Intelligenz nichts zu tun, sondern mit der herabgesetzten Fähigkeit, in Zeiten hoher innerer Anspannung aus einer manchmal verwirrenden Flut von Eindrücken trotzdem noch die wichtigen Dinge herauszufiltern und die richtigen Entscheidungen zu treffen.

Selbst wenn Hinweise auf eine solche grundlegende Empfindlichkeit vorliegen, hat es sich gezeigt, daß sie in der Regel nicht allein als Auslöser der Erkrankung in Frage kommt. In den meisten Fällen sind noch zusätzliche massive Belastungen aus dem Lebensumfeld zu finden.

Eine Empfindlichkeit allein reicht in der Regel nicht aus, um die Erkrankung oder einen Rückfall zu erklären. Es lohnt sich, die Aufmerksamkeit auf belastende Lebensbedingungen zu richten. Das ist eine wichtige Funktion der Psychotherapie

Die psychischen und sozialen Belastungen

Es gibt langfristig einwirkende Belastungen:

- bestimmte Erziehungsstile, die dem Heranwachsenden wenig Gelegenheit gegeben haben zu lernen, sich adäquat und kompetent mit Problemen auseinanderzusetzen,
- extreme körperliche und seelische Verletzungen in der Kindheit,
- ein Mangel an sicheren, verläßlichen und liebevollen Bezugspersonen gerade in der frühen Kindheit.

Die beiden zuletzt genannten Bedingungen können dazu beitragen, daß die betreffenden Menschen ein nur sehr schwaches Ichgefühl entwickeln konnten. Dieses unsichere Ichgefühl ist dann dem Ansturm von Lebensaufgaben, zum Beispiel bei der Loslösung des Jugendlichen vom Elternhaus, nicht gewachsen.

Bei vielen Patienten läßt sich in der Zeit kurz vor der Erkrankung oft ein herausragendes Lebensereignis finden, das besonders viel Kraft und Aufmerksamkeit verlangte wie:

- Verlust eines Angehörigen, engen Freundes, Partners durch Tod oder Trennung,
- Prüfung, Verlust des Arbeitsplatzes,
- schwerer Unfall.

Oder es gab andere einschneidende Lebensereignisse, die eigentlich positiv bewertet werden, aber trotzdem besondere Kraft und Aufmerksamkeit erfordern, zum Beispiel eine neue Liebe, Heirat, Geburt eines Kindes oder Umzug, Studienbeginn, neuer Arbeitsplatz.

Andauernde, langwierige Alltagsbelastungen können ebenso krank machen. Mobbing am Arbeitsplatz, ständige Konflikte im Beruf, im sozialen Alltag oder Spannungen im Privatleben, eine bestimmte Atmosphäre zu Hause, zum Beispiel eine überkritische oder besonders überfürsorgliche Haltung der Angehörigen, können eine gravierende Belastung im Alltag darstellen, die man bewußt gar nicht so deutlich spürt.

Es gibt Lebensereignisse, die unsere Kraftreserven schlichtweg überfordern: Verluste, Trennungen, Unfälle, Umzug, Neubeginn

Der Aufschaukelungsprozeß

Empfindlichkeit ➡ Belastungen ➡ geringe Fähigkeit, mit Belastungen umzugehen ➡ verstärkte Belastung ➡ Zunahme der Empfindlichkeit ➡ Belastungen nehmen überhand ➡ Verlust der Kraftreserven ➡ Zusammenbruch.

Wie kommt es zur Erkrankung?

Zum Ausbruch oder zum Wiederauftreten der Erkrankung nach einer längeren gesunden Phase kann es kommen, wenn bei einem Menschen die oben genannten Verletzlichkeiten vorhanden sind und belastende Ereignisse eintreten.

Insgesamt ist das Geschehen wie ein sich selbst *aufschaukelnder Regelkreis* oder *Teufelskreis* zu verstehen: Ergeben sich durch ungünstige Bedingungen verschiedene Streßfaktoren, so können diese aufgrund der Verletzlichkeit und des Mangels an Bewältigungsmöglichkeiten zu einer Art Übererregung durch Überbeanspruchung im Nervensystem führen. Das wiederum verstärkt die Schwierigkeiten in der gedanklichen und emotionalen Verarbeitung. Das heißt, es kann zu Fehlinterpretationen und Fehlhandlungen kommen. Dies führt wiederum zu sozialen Komplikationen und erneutem Streß. Lebt dieser Mensch dann noch in einem belastenden Umfeld oder kann er sich bei niemandem aussprechen, so können sich im Zuge eines Aufschaukelungsprozesses über Tage bis Wochen psychotische Symptome entwickeln. Dieses Modell zur Entstehung psychotischer Erkrankungen hat sich als hilfreich erwiesen, um den Streit zwischen biologischen und psychosozialen Erklärungsmodellen beizulegen. Die Realität hat gezeigt, daß es ein Zusammenspiel sowohl biologischer als auch psychosozialer Faktoren gibt. Neue Therapiemodelle, die auf dieser Basis arbeiten und die richtige medikamentöse Therapie mit der geeigneten Psychotherapie verknüpfen, haben eine hohe Erfolgsrate nachweisen können.

Allgemeine Streßsymptome können Frühwarnzeichen sein: zum Beispiel Unruhe, Schlaflosigkeit, Reizbarkeit, Schmerzen, Rückzug

Frühwarnzeichen beachten

Indem man heute davon ausgeht, daß ein negativer Aufschau-kelungsprozeß bei der Entstehung schizophrener Erkrankungen mitwirkt, eröffnen sich auch Wege, das mögliche Wiederauftre-ten der Erkrankung unter eine bessere Kontrolle zu bringen. Der Aufschaukelungsprozeß läßt sich möglicherweise an verschie-denen Stellen stoppen oder zumindest verlangsamen. Ein er-neuter Ausbruch der Erkrankung kann so oft verhindert oder we-nigstens deutlich abgeschwächt werden.

Der wichtigste Schritt dabei ist, die persönlichen Frühwarnzei-chen für Streß und Belastung kennenzulernen. Zu hohe Anfor-derungen oder bedrückende Lebenssituationen können so rechtzeitig erkannt und besser angegangen werden. Auf der an-deren Seite kann die erhöhte biologische Empfindlichkeit durch eine gesunde Lebensführung und auch durch die ent-sprechenden Medikamente abgemildert werden.

Frühwarnzeichen ernst zu nehmen hilft, den negativen Aufschau-kelungsprozeß zu erkennen und zu unter-brechen

Den Teufelskreis durchbrechen – ein Modell

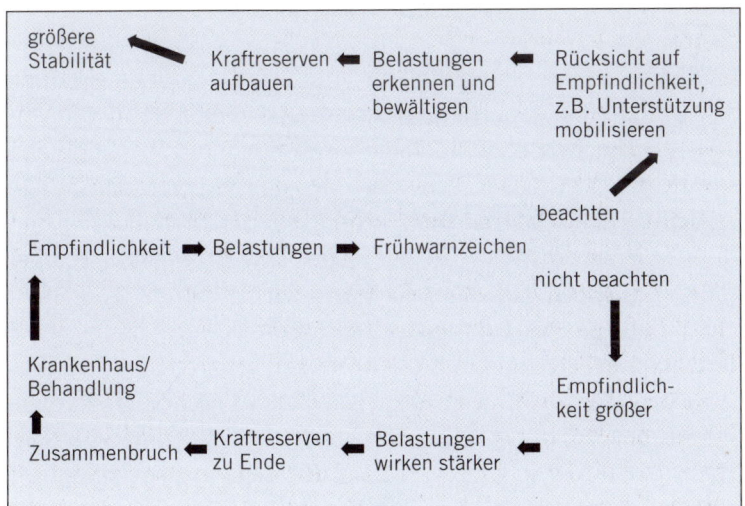

33

Wie verläuft die Erkrankung?

Der individuelle Verlauf einer schizophrenen Erkrankung ist kaum vorhersehbar und hängt von einer Vielzahl biologischer, psychologischer und sozialer Faktoren ab

Wer zum ersten Mal wegen einer Schizophrenie, einer schizo-affektiven Krankheit oder einer akuten Wahnkrankheit behandelt wird, hofft verständlicherweise, daß die Krankheit nie wieder auftritt. Diese Hoffnung geht manchmal in Erfüllung. Langzeitstudien über den Krankheitsverlauf haben schon vor zwanzig Jahren Ergebnisse gezeigt, die den Vorurteilen über den negativen Verlauf einer Schizophrenie völlig widersprechen. 30 bis 50 Prozent der Patienten bleiben innerhalb des darauffolgenden Jahres und 20 bis 30 Prozent für den Rest des Lebens gesund, auch wenn sie nach ein bis zwei Jahren keine Neuroleptika mehr zur Vorbeugung einnehmen. Wenn die Krankheit zum zweiten Mal aufgetreten ist, muß allerdings mit weiteren Krankheitsphasen gerechnet werden. Ohne Behandlung erkranken nach einem Jahr 70 bis 80 Prozent, nach zwei Jahren 90 Prozent der Patienten.

Das bedeutet, daß eine Schizophrenie nach der zweiten Krankheitsphase nur selten vollständig verschwindet. Fast alle Patienten, die zweimal erkrankt sind, müssen sich auf ein Leben mit der Krankheit einstellen.

Akute Schizophrenien lassen sich durch Neuroleptika und eine der Krankheit angepaßte Lebensweise bei vielen Patienten vermeiden. Die Wahrscheinlichkeit einer Wiedererkrankung kann auf 15 bis 20 Prozent im ersten Jahr gesenkt werden. Zudem verlaufen Krankheitsphasen, die trotz der Behandlung mit Neuroleptika auftreten, in der Regel kürzer und mit weniger schweren Symptomen. Insofern wird der Verlauf der Krankheit durch die Behandlung günstig beeinflußt.

Trotzdem ist das Leben mit der Krankheit oft nicht einfach. Zwischen den akuten Phasen kann ein Patient mehr oder weniger schwer beeinträchtigt sein: Die Gefühle sind weniger intensiv, enge Kontakte mit anderen Menschen sind anstrengender als vor Beginn der Erkrankung. Es fällt den Patienten schwerer, sich zu über längere Zeit zu konzentrieren und körperliche oder psychische Belastungen auszuhalten. Diese Symptome werden unter der Bezeichnung »Negativsymptome« zusammengefaßt (siehe auch Seite 12).

Bei Rückschlägen den Mut nicht verlieren
Negativsymptome können auch Ausdruck einer tiefgreifenden Mut- und Hoffnungslosigkeit sein, in die jemand fällt, wenn er unerwartet erneut erkrankt. Hier sind Gespräche wichtig. Auch der Umgang mit Frühwarnzeichen will gelernt sein und braucht Zeit. Rückschläge können dazu dienen, den neuen Umgangsstil mit sich selbst zu lernen.

Die Negativsymptome können im Sinne einer fast unmerklich eintretenden Persönlichkeitsveränderung schon im Vorfeld der akuten Erkrankung entstehen oder sich erst im Verlauf der Krankheit entwickeln. Sie bessern sich in der Regel im Zuge der Behandlung, allerdings geschieht dies nicht so rasch wie bei den Akutsymptomen. Faßt man Schizophrenien, schizoaffektive Krankheiten und kurzdauernde akute Wahnkrankheiten zusammen, bilden sich die Negativsymptome im Lauf der Zeit bei etwa 20 bis 25 Prozent der Patienten vollständig zurück. Bei 50 bis 65 Prozent der Patienten bleiben leichte bis mittelschwere Symptome zurück. Krankheitsverläufe, bei denen sich das Befinden und die Leistungsfähigkeit des Patienten zunehmend verschlechtern, sind glücklicherweise sehr selten.

Mehrere internationale Studien konnten nachweisen, daß eine frühzeitig einsetzende medikamentöse und psychotherapeutische Behandlung es ermöglicht, die Dauer der akuten Krankheitserscheinungen erheblich zu verkürzen und ein Wiederauftreten der akuten Psychose zu verhindern.

Bei fast jeder neuen Krankheitsphase treten auch Negativsym-

Die Schizophrenie ist heute entgegen vieler Vorurteile eine gut behandelbare Erkrankung. Dem Patienten wird mit einer sinnvollen Kombination von medikamentöser und Psychotherapie geholfen

ptome auf, die den Patienten unter Umständen längerfristig beeinträchtigen. Insbesondere die Aufklärung über die Erkrankung für Patienten und Angehörige, das Lernen und Beachten von Frühwarnzeichen und das Einüben eines erfolgreicheren Umgangs mit Streß und Belastungen sind Teil einer vorbeugenden Behandlung und damit der beste Schutz vor einem ungünstigen Krankheitsverlauf.

Kapitel 3

Die Behandlung

Wann ist die Krankheit behandlungsbedürftig?

Wenn Symptome einer akuten Schizophrenie auftreten, muß rasch gehandelt werden. Es hat keinen Sinn, sich darauf zu verlassen, daß die Krankheit von selbst wieder verschwindet. In der Regel verstärken sich die Krankheitssymptome, wenn man einfach nur abwartet.

Üblicherweise helfen Krankheitssymptome einem Menschen, seiner Gesundheitsstörung auf die Spur zu kommen. Akute schizophrene Erkrankungen verhindern aber nicht selten, daß der Betroffene das Krankhafte seines Zustands erkennt. Wer sich für den reichsten Mann der Welt hält, wird sich deswegen nicht krank fühlen. Wer sich verfolgt fühlt, wird zur Polizei und nicht zum Arzt gehen, wenn er Hilfe sucht. Es sind dann Angehörige, Freunde oder Arbeitskollegen, die merken: Da stimmt etwas nicht. Angehörige, Freunde oder Arbeitskollegen sind es in der Regel auch, die versuchen, den Betroffenen davon zu überzeugen, daß er sich behandeln lassen muß.

Die meisten Menschen erleben im Verlauf ihrer akuten Krankheit Augenblicke, in denen sich auch bei ihnen selbst Zweifel an der Richtigkeit ihrer Wahrnehmung melden. Diese Zweifel gilt es aufzugreifen: »Diese Unruhe macht dich doch kaputt«, »Mit so wenig Schlaf kommt kein Mensch aus«, »In deinem Kopf ist eine solche Unordnung, das ist doch nicht normal«.

Irgendwann kommt dann der Zeitpunkt, an dem der Patient doch bereit ist, Hilfe anzunehmen. Wenn alle Versuche scheitern, besteht die Möglichkeit, eine Behandlung gegen den Willen des Betroffenen einzuleiten (siehe Seite 83 ff.). Die heimliche Gabe von Psychopharmaka ist kein Ausweg und sollte unter keinen Umständen ausprobiert werden.

Abwarten hilft nicht. Im Gegenteil: Das Wahnsystem verstärkt sich, die Halluzinationen werden intensiver, Stimmen können selbstzerstörerische Befehle erteilen

Wenn der Erkrankte merkt, daß alle in seiner Umgebung auf einem Arztbesuch oder einer Krankenhausbehandlung bestehen, dann ist die Chance größer, daß er zustimmt

Oft ein schwerer Schritt: sich in Behandlung begeben
Nicht selten versteht die erkrankte Person nicht, warum sie
sich ärztlich behandeln lassen muß. Wenn der Betroffene
keine Einsicht in seine Behandlungsbedürftigkeit gewinnt,
geben die sozialpsychiatrischen Beratungsstellen Auskunft
über den weiteren Weg. Telefonnummern sind über die ört-
lichen Gesundheitsämter zu erfahren.

Was Sie über die Wirkungsweise der Medikamente wissen sollten

Für die Behandlung schizophrener Patienten gibt es seit etwa
vierzig Jahren eine Vielzahl von Medikamenten, die sogenannten Neuroleptika.
Neuroleptika haben eine beruhigende Wirkung, sie ordnen und
regulieren das Denken und die Wahrnehmung. So klingen die
meisten Symptome der Schizophrenie, wie zum Beispiel Verfolgungsideen und das Hören von Stimmen, unter einer Behandlung mit Neuroleptika innerhalb von einigen Wochen ab.
Die Wirkungsweise der Neuroleptika zeigen die Abbildungen.
Die Nervenzellen im Gehirn sind untereinander durch Schalt-
stellen, sogenannte Synapsen, verbunden. Die Synapsen benötigen für die Weiterleitung der Nervenimpulse Überträgerstoffe,
die Neurotransmitter genannt werden. Unser Gehirn arbeitet
mit einer Vielzahl von Überträgerstoffen, um die jeweiligen Informationen von einer Nervenzelle zur anderen zu leiten. Einer
dieser Überträgerstoffe ist das Dopamin.
Dopamin ist zuständig für das Denken und die Verarbeitung der
Wahrnehmungen, aber auch für die Steuerung der Muskelbe-
wegungen. Während einer schizophrenen Psychose kommt es
in den Synapsen bestimmter Hirnregionen zu einem Über-
schuß an Dopamin. Neuroleptika schwächen die Wirkung von

Was Sie über die Wirkungsweise der Medikamente wissen sollten

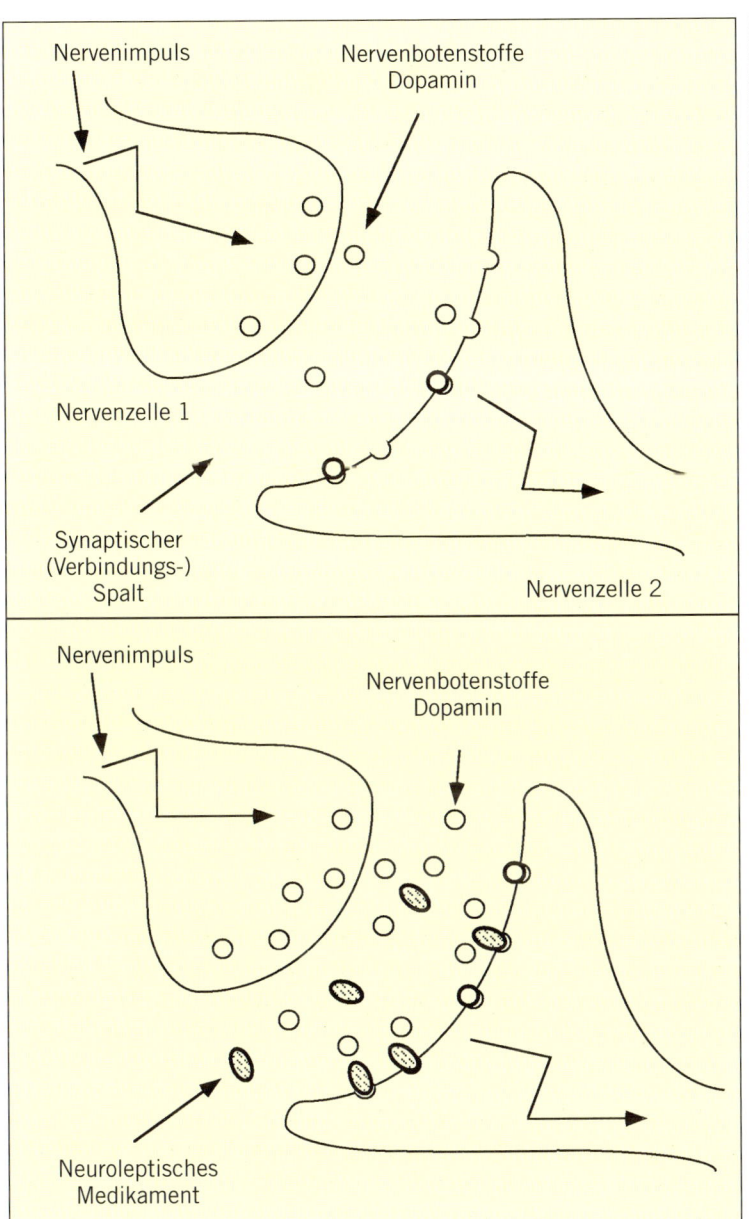

Nervenimpuls

Nervenbotenstoffe Dopamin

Nervenzelle 1

Synaptischer (Verbindungs-) Spalt

Nervenzelle 2

Nervenimpuls

Nervenbotenstoffe Dopamin

Neuroleptisches Medikament

Abbildung 1
Nervenimpulse werden zwischen zwei Nervenzellen durch Nervenbotenstoffe weitergeleitet

Abbildung 2
Bei Patienten mit Psychosen wird der Nervenbotenstoff Dopamin im Übermaß freigesetzt. Neuroleptische Medikamente blockieren die Empfangsstationen der nächsten Nervenzelle, so daß die übermäßige Wirkung des Dopamin abgeschwächt wird

Die Behandlung

Dopamin ab, sie schützen die Nerven vor einer zu starken Dopaminwirkung. Da sie aber nicht exakt identisch sind wie unsere körpereigenen Botenstoffe, behindern sie auch die Dopaminwirkung, die für die Steuerung der Muskeln zuständig ist. Daher sind die Muskelverkrampfungen eine der Hauptnebenwirkungen der klassischen oder typischen neuroleptischen Medikamente.

Durch die Behandlung mit Neuroleptika ist es möglich, die Dauer der akuten Krankheitserscheinungen erheblich zu verkürzen, ein Wiederauftreten der akuten Psychose zu verhindern und damit den Krankheitsverlauf günstig zu beeinflussen.

Bei den meisten Patienten besteht nach Abklingen der akuten Erkrankungsphase ein hohes Risiko, in den folgenden Jahren erneut zu erkranken. Ohne eine medikamentöse Rückfallschutz-Therapie erleiden ungefähr 70 bis 80 Prozent der Patienten in den ersten ein bis zwei Jahren nach der Entlassung einen Rückfall. Unter einer neuroleptischen Langzeitbehandlung erkranken nur etwa 10 bis 30 Prozent der Patienten erneut.

Atypische Neuroleptika sind für die meisten Patienten verträglicher und erhöhen die Lebensqualität

Aufgrund ihrer chemischen Beschaffenheit kann man die Neuroleptika in verschiedene Gruppen einteilen. Entsprechend ihrer Wirkung unterscheidet man außerdem zwischen niedrigpotenten und hochpotenten Neuroleptika.

Hochpotente Neuroleptika sind zum Beispiel Glianimon, Haldol, Fluanxol, Dapotum oder Lyogen

Hochpotente Neuroleptika haben eine besonders starke Wirkung gegen schizophrene Symptome wie Wahnvorstellungen, Halluzinationen oder Beeinträchtigungen des Denkens. Sie weisen einen nur geringen sedierenden (müde machenden) Effekt auf, häufig aber verursachen sie Bewegungsstörungen (siehe unten). Niedrigpotente Neuroleptika dagegen haben eine eher geringe antipsychotische Wirkung. Sie lösen seltener Bewegungsstörungen aus, haben aber eine stärkere sedierende Wirkung.

In den letzten Jahren ist eine Reihe von Neuentwicklungen neuroleptischer Medikamente auf dem Markt gekommen: die atypischen Neuroleptika. Sie wurden mit dem Ziel entwickelt, spezifischer auf die Dopaminsynapsen zu wirken, die für das Denken und die Verarbeitung der Wahrnehmung zuständig sind. Sie sollen die Dopaminsynapsen, die für die Steuerung der Muskeln verantwortlich sind, nicht beeinträchtigen. Insofern zeichnen sich diese atypischen Neuroleptika durch deutlich weniger oder manchmal gar keine Nebenwirkungen im muskulären System aus; es werden nur noch selten Muskelkrämpfe, Steifheit und Sitzunruhe beobachtet. Mittlerweile sind in Deutschland sechs atypische Neuroleptika auf dem Markt, weitere werden in den nächsten Jahren folgen. Diese Medikamente haben nicht nur weniger der »motorischen« Nebenwirkungen, sie sind auch deutlich verträglicher. Die meisten Patienten haben unter den atypischen Neuroleptika eine bessere Lebensqualität und sind auch eher bereit, diese Medikamente langfristig einzunehmen. Bei der Einnahme von Leponex – dem ältesten atypischen Neuroleptikum, das für die Behandlung schwerkranker Patienten besonders gut geeignet ist – muß das Blutbild des Patienten besonders sorgfältig kontrolliert werden. Das ist notwendig, weil in Einzelfällen die weißen Blutkörperchen auf das Medikament empfindlich reagieren.

Niederpotente Neuroleptika sind zum Beispiel Atosil, Truxal, Neurocil oder Eunerpan

Nebenwirkungen der Medikamente

Leider haben wie alle wirksamen Medikamente auch Neuroleptika nicht nur erwünschte, sondern auch unerwünschte Wirkungen, sogenannte Nebenwirkungen.

Die Beipackzettel der Medikamente sind voll mit Hinweisen auf zum Teil erschreckend gefährliche Nebenwirkungen. Der Hersteller von Neuroleptika ist dazu verpflichtet, auch Nebenwirkungen anzugeben, die nur sehr selten auftreten. Für die meisten schizophrenen Patienten gilt aber zweifelsohne, daß die erwünschten Wirkungen gegenüber den unerwünschten Nebenwirkungen klar überwiegen.

Sehr wichtig ist, daß Neuroleptika zu keiner Abhängigkeit führen. Nach dem Absetzen ist das Auftreten von Entzugssymptomen nicht zu befürchten. Von dieser rein körperlichen Defi-

Atypische Neuroleptika sind zum Beispiel Risperdal, Leponex, Zyprexa, Nipolept, Dogmatil, Sertindol oder Zotepin

Die Behandlung

Die ärztliche Kunst besteht in der individuellen Abwägung von erwünschter Wirkung und Nebenwirkungen, die in Kauf genommen werden können. Für jeden Patienten muß dieser Zusammenhang nachvollziehbar sein

nition von Abhängigkeit ist das eher psychologische Phänomen der Gewöhnung zu unterscheiden. Wir können uns an die Wirkung eines Medikamentes gewöhnen, insbesondere an die beruhigende Wirkung. Ein Absetzen ist dann automatisch mit der Befürchtung verbunden, daß es mir ohne das Medikament schlechter geht. Medikamente, die auf die psychische Befindlichkeit wirken, sollten daher immer nur in Absprache mit dem behandelnden Arzt langsam und schrittweise abgesetzt werden. Die Nebenwirkungen der Neuroleptika sind abhängig vom jeweiligen Präparat. Niederpotente Neuroleptika verursachen in höheren Dosierungen häufig Mundtrockenheit sowie Kreislaufregulationsstörungen mit erniedrigtem Blutdruck, was sich in Müdigkeit, Abgeschlagenheit und Schwindelgefühlen äußern kann. In der Therapie mit hochpotenten Neuroleptika kommt es häufiger zu verschiedenen Bewegungsstörungen, die als Frühdyskinesien (Muskelkrämpfe), medikamentös bedingtes Parkinson-Syndrom und Akathisie (Bewegungsunruhe) bezeichnet werden.

Muskelkrämpfe (Frühdyskinesien)

Frühdyskinesien sind muskuläre Verkrampfungen. Sie sind äußerst unangenehm zu fühlen und anzusehen, aber nicht gefährlich

Frühdyskinesien treten in den ersten Tagen der Behandlung mit Neuroleptika abhängig von der Dosis bei 5 bis 10 Prozent der Patienten auf. Es kommt zu Verkrampfungen der Zungen-Schlund-Muskulatur oder zu Blickkrämpfen mit dem Zwang, nach oben zu schauen. Frühdyskinesien sind zwar ausgesprochen unangenehm, aber nicht gefährlich. Bei intravenöser Gabe von Biperiden (Handelsname: Akineton) verschwinden sie innerhalb weniger Minuten.

Steifigkeitsgefühl (Parkinson-Syndrom)

Unter dem medikamentösen Parkinson-Syndrom leiden etwa 10 bis 20 Prozent der Patienten. Sie spüren, daß sie steif und unbeweglich sind. Besonders die feinen Bewegungen, wie zum Beispiel das Auf- und Zuknöpfen der Kleidung, sind mühsam. Außenstehende bemerken, daß die Patienten ihre Arme beim

Gehen weniger mitbewegen und daß das Gesicht starr und maskenhaft erscheint. Auch das medikamentöse Parkinson-Syndrom bessert sich unter der Gabe von Biperiden.

Bewegungsunruhe (Akathisie)

Die Akathisie tritt bei etwa 5 Prozent der Patienten auf und wird als eine ausgesprochen quälende Unruhe, meist in den Beinen, empfunden. Die Patienten verspüren den Drang, umherzulaufen, auf der Stelle zu treten oder die Beine in anderer Weise ständig in Bewegung zu halten. Diese Bewegungsstörung spricht in der Regel kaum auf eine Behandlung mit Biperiden oder anderen Antiparkinsonmitteln an. Es ist dann notwendig, die Dosierung der hochpotenten Neuroleptika zu reduzieren und vermehrt niederpotente Neuroleptika einzusetzen.

Unter der Behandlung mit Neuroleptika kann es auch zu Blutbild- und Leberschäden kommen. Aus diesem Grund muß der Arzt bei einer Behandlung mit Neuroleptika regelmäßig das Blutbild und die Leberwerte im Blutserum kontrollieren.

Störungen in der Hormonregulation

Neuroleptika beeinflussen auch die Hormonregulation. Insbesondere kann es bei Frauen während der Behandlung mit Neuroleptika zu Zyklusstörungen, Absonderungen von Milch aus den Brustdrüsen und Abnahme des sexuellen Verlangens, bei Männern zu Potenzstörungen kommen. Diese Nebenwirkungen hängen von der Dosierung ab und bessern sich im Lauf der Zeit von selbst.

Späte Bewegungsstörungen (Spätdyskinesien)

Während der Langzeitbehandlung mit Neuroleptika muß man mit einer weiteren Gruppe von Nebenwirkungen rechnen, die unter der Bezeichnung Spätdyskinesien zusammengefaßt werden. Hierunter versteht man unwillkürliche Bewegungen, bei-

spielweise Zucken der Mundwinkel, leichtes Schmatzen oder Bewegungen der Zungenmuskulatur.

Spätdyskinesien treten bei 3 bis 10 Prozent der über Jahre hochdosiert behandelten Patienten auf. Deshalb sollten Neuroleptika grundsätzlich so niedrig wie möglich dosiert werden. Leider sind diese Bewegungsstörungen nicht ganz selten: Wenn man leichte Formen mit einbezieht, muß bei einem Drittel der Patienten mit dieser Nebenwirkung gerechnet werden. Wenn Spätdyskinesien aufgetreten sind, wird der Arzt die medikamentöse Therapie überprüfen und gegebenenfalls ändern.

Dosierung der Medikamente

Die richtige individuelle Dosierung ist von großer Bedeutung. Bei zu hoher Dosierung treten vermeidbare Nebenwirkungen auf, bei zu niedriger Dosierung ist der Schutz vor einer Wiedererkrankung unzureichend.

Für die Langzeitbehandlung oder den Schutz vor Wiedererkrankung ist die Dosis fast immer sehr viel niedriger als während der Akutbehandlung. Normalerweise wird dann die Dosis auf ein Drittel bis ein Sechstel gesenkt. Diese Reduktion sollte aber nur sehr allmählich durchgeführt werden, um nicht die Gefahr einer erneuten Schizophrenie zu erhöhen. Wie bei der Akutbehandlung jeder Patient seine individuelle Dosis benötigt, muß auch die rückfallverhütende Dosis für jeden Patienten sorgfältig und langsam ermittelt werden. Hierzu ist eine sehr enge Zusammenarbeit zwischen dem Patienten und seinem behandelnden Arzt erforderlich.

Die Dauer der Behandlung mit Neuroleptika

Wenn der Patient erstmalig an einer schizophrenen Psychose erkrankt ist, sollte die medikamentöse Rückfallschutz-Behandlung über einen Zeitraum von ein bis zwei Jahren beibehalten werden. Die Länge der Behandlung ist abhängig von der Schwere und Dauer der Psychose, von der Verträglichkeit, von der sozialen Situation des Patienten und auch von den anderen Therapien. Je schwieriger und langwieriger der Krankheitsverlauf ist, desto länger sollte die Weiterbehandlung dauern. Nach einer wiederholten Erkrankung, das heißt nach einer zweiten oder dritten schizophrenen Psychose, sollte die neuroleptische Behandlung mindestens zwei, bei den meisten Patienten bis zu fünf Jahre andauern.

Viele Patienten brechen die Rückfallschutz-Behandlung vorzeitig ab, weil sie sich gesund fühlen und meinen, daß eine weitere Behandlung nicht notwendig ist. Dies kann im Einzelfall gerechtfertigt sein, für die meisten Patienten aber ist das Risiko einer erneuten Erkrankung ohne neuroleptische Therapie sehr hoch. Das gute Befinden oder das Fehlen von Krankheitszeichen ist häufig die positive Folge der neuroleptischen Behandlung und kein Grund, die Neuroleptika abzusetzen.

Wie Diät, insulinunterstützende Tabletten oder das Insulin selbst den Diabetespatienten davor schützen, erneut zu erkranken, so schützen Neuroleptika vor Rückfällen in die Psychose

Verabreichungsformen von Neuroleptika

Die meisten Neuroleptika werden als Tabletten oder als Tropfen oral (über den Mund) eingenommen. Einige Neuroleptika können auch als Spritze verabreicht werden, wenn die orale Einnahme nicht wirksam genug ist. Das ist aber nur bei bestimmten Verdauungsstörungen zu erwarten. Abhängig von der Wirkungsdauer eines Neuroleptikums (einige Stunden bis ein oder zwei Tage) kann das Präparat entweder einmal täglich eingenommen werden, zum Beispiel abends vor dem Schlafen, oder auch zwei- bis dreimal am Tag.

Neuroleptika können auch als Depotspritzen verabreicht werden. Diese Medikamente werden als Depot (Vorratsspeicher) in den Muskel gespritzt. Der »Vorrat« reicht je nach Neuroleptikum ein bis vier Wochen. Der Organismus baut täglich eine geringe Menge des Depots ab. Durch den gleichmäßigen Abbau der Substanz kommt es zu einer gleichbleibenden Medikamentenkonzentration im Blut. Ein Vorteil der Depotspritze besteht darin, daß anders als bei Tropfen oder Tabletten die tägliche Einnahme nicht vergessen werden kann. Auch wird durch diese Verabreichungsform eine geringere Menge des Medikaments gebraucht, um die gleiche Wirkung zu erhalten. Dadurch sind auch in der Regel weniger Nebenwirkungen zu beklagen.

Gesundsein heißt bei manchen Erkrankungen nicht »Ich brauche keine Medikamente mehr zu nehmen«, sondern »Ich muß leider Medikamente nehmen, um gesund zu bleiben«

Die Behandlung ohne Neuroleptika

Die Behandlung eines akuten schizophrenen Krankheitsschubes unter weitgehendem Verzicht von neuroleptischen Medikamenten wird an einigen wenigen Stellen in der Schweiz (Bern) und in Deutschland ausprobiert. Voraussetzung dafür ist jedoch, daß keine lebensbedrohlichen Symptome der Psychose vorhanden sind. Ausgangspunkt dieser anderen Behandlungsversuche ist ein Experiment des Psychiaters Mosher in den USA, das er Soteria-Projekt nannte. Er brachte junge schizophren erkrankte Menschen in eine geräumige Umgebung, die viel Ruhe und Stille ausstrahlte. Die Patienten wurden dort von Personal, das sich zur Hälfte aus Fachleuten und zur anderen Hälfte aus engagierten Laien zusammensetzte, Tag und Nacht ohne Schichtwechsel betreut. Die Mitarbeiter blieben jeweils mehrere Tage am Stück beim Patienten; sie lebten quasi in der Klinik. Hinter dem Versuch stand die Idee, in einer für den Patienten als undurchschaubar und bedrohlich wahrgenommenen Lebenssituation wieder viel Ruhe, Gleichmäßigkeit und Verläßlichkeit anzubieten. Auf Medikamente wurde dabei völlig verzichtet.

Der Schweizer Psychiater Ciompi hat als erster in Europa (Bern) versucht, das Soteria-Konzept umzusetzen und auf seine Wirksamkeit zu erforschen. Medikamente wurden in seinem Team nur sehr vereinzelt benutzt. In den Ausnahmefällen wurden lediglich schwache Medikamente zur Beruhigung verabreicht. Auch in Deutschland plant man an einigen Zentren, solche Behandlungsbedingungen zu erproben.

Das Soteria-Konzept hat eine kontroverse Diskussion über die Behandlungsformen der Schizophrenie in Gang gesetzt

Rein wissenschaftlich hat sich bisher nicht zeigen lassen, daß Patienten – was Krankheitsverlauf und Rückfallhäufigkeit angeht – von diesem Ansatz generell mehr profitieren als von einer gut durchdachten Kombination von medikamentöser Therapie und Psychotherapie. Aber die Diskussion über das Für und Wider ist noch lange nicht abgeschlossen.

Je nach Befindlichkeit des Betroffenen muß individuell über die Therapie entschieden werden. Manche Menschen bevorzugen es, sich in einer geschützten Umgebung mit ihren veränderten Wahrnehmungen auseinanderzusetzen und so auch zu einem besseren Verständnis ihres Zustands zu gelangen. Manche Patienten dagegen sind erleichtert, daß die Medikamente ihre oft unerträglichen Ängste und massiven Wahnvorstellungen schnell auflösen. Ohne Medikamente kann dieser Prozeß doch erheblich länger andauern, oder die Symptome klingen gar nicht ab.

Eine ruhige und überschaubare Umgebung wirkt sich bereits positiv auf den Patienten aus

Die Erkenntnis, daß die Ruhe und Überschaubarkeit einer Krankenstation einen wohltuenden Einfluß auf akute psychische Störungen hat, wurde inzwischen weitgehend bei Klinikneubauten und -umbauten umgesetzt. Behandlungsräume für akut Erkrankte sind kleiner und übersichtlicher gestaltet und mit vergleichsweise mehr Personal ausgestattet. Gut geschultes Personal bezieht Patienten selbstverständlich so weit wie möglich in den Entscheidungsprozeß ein, ob Medikamente sinnvoll sind oder ob auf sie verzichtet werden kann.

Was Sie über die psychotherapeutische Behandlung wissen sollten

Als Psychotherapie werden all die Therapieverfahren bezeichnet, die nicht auf einer Behandlung mit Medikamenten gründen, sondern die mit Hilfe von Gesprächen und einer Beeinflussung des Verhaltens auf folgende Ziele gerichtet sind:
- Bewältigung der Krankheit,
- Verbesserung der Lebenssituation,
- Stärkung der Fähigkeit, Lebenskrisen zu bewältigen,
- zunehmendes Verständnis für die eigene persönliche Entwicklung auf dem Hintergrund der individuellen Lebenssituation und damit ein
- zunehmendes Verständnis für die eigene Krankheit und die Therapiemöglichkeiten (einschließlich der medikamentösen Therapie).

Psychotherapie ist neben einer sinnvoll ausgewählten Medikation das wichtigste Standbein auch für die Behandlung von schweren psychischen Erkrankungen

Psychotherapie wird von Psychotherapeuten durchgeführt. Dies sind psychotherapeutisch ausgebildete Ärzte oder Psychologen, aber auch Angehörige anderer sozialer Berufsgruppen, die eine spezielle Ausbildung erhalten haben.

Fachleute für die Behandlung schizophrener Erkrankungen sind Psychiater oder Nervenärzte, die nicht nur alle Psychotherapiemethoden kennen sollten, sondern auch alles über das Spektrum der psychiatrischen Erkrankungen wissen. Diese Fachärzte können kann dann eine Empfehlung abgeben, auch wenn sie selbst keine oder eine für den Einzelfall nicht in Frage kommende spezielle Psychotherapieausbildung haben.

Psychotherapeuten bedienen sich unterschiedlicher Behandlungsmethoden. Man unterscheidet mehrere Psychotherapietechniken, die bei den verschiedenen psychiatrischen Erkrankungen und Störungen unterschiedlich gut einsetzbar sind. Die wichtigsten Richtungen sind

- die *tiefenpsychologische Psychotherapie:* Ihr Ziel ist eine bessere Krankheitsbewältigung durch die Vermittlung eines tieferen Verständnisses für die eigene Persönlichkeit. Sie blickt auf die Entwicklung der Persönlichkeit in der Kindheit und versucht so, eventuell unvollständig ausgereifte Entwicklungsstufen zu erkennen, die dann im therapeutischen Prozeß bearbeitet werden. Auf diese Weise soll ein Nachreifungs- oder Wachstumsprozeß in Gang gesetzt werden.

Psychoanalyse

Die Psychoanalyse wurde von Sigmund Freud und seinen Schülern formuliert und weiterentwickelt. Nur noch wenige Therapeuten arbeiten in der klassischen Form, daß sie hinter dem auf der Couch liegenden Patienten sitzen und mehr oder weniger schweigsam zuhören. Diese Form ist für die Behandlung von Psychosen nicht gut geeignet. Modernere Formen bearbeiten einen bestimmten Fokus, einen Bereich, den der Patient als schwierig empfindet. Dabei sitzen sich Therapeut und Patient gegenüber.

- die *verhaltenstherapeutische Psychotherapie:* Sie versucht, die Patienten vor allem in einer besseren Krankheitsbewältigung zu unterstützen. Dazu notwendige Fertigkeiten werden in Rollenspielen oder praktischen Übungen erlernt. Darüber hinaus werden Kenntnisse über die Auslöser von Krankheitsphasen und schützende Faktoren, die die Widerstandsfähigkeit gegenüber der Erkrankung fördern und damit das Wiedererkrankungsrisiko mindern, zusammen erarbeitet.

Verhaltenstherapie
Die Verhaltenstherapie hat ihre Wurzeln in der Wissenschaft vom Lernen. Menschliches Verhalten wird in vielfältiger Weise gelernt: über Vorbilder oder Modelle, über Belohnung und Bestrafung, über Erfolg oder Mißerfolg. So gelerntes Verhalten kann auch wieder verlernt oder neu und bewußter gelernt werden.

• Bei speziellen Krankheiten ist es wichtig, die Psychotherapie dem Patienten und seiner Erkrankung anzupassen. Nicht jedem Patienten kann eine tiefenpsychologische Psychotherapie empfohlen werden, und nicht jeder profitiert von einer verhaltenstherapeutischen Behandlung. Wenn psychotherapeutische Gespräche nicht nach einer spezifischen Methode geführt werden, sondern sich mehr nach den direkten Bedürfnissen des erkrankten Menschen richten und ihm bei den Lösungen von Alltagsproblemen helfen, dann spricht man von der *supportiven (unterstützenden) Psychotherapie.*

Vorsicht! Der Titel »Psychotherapeut« ist nicht gesetzlich geschützt; jeder kann sich Therapeut nennen. Ihre Krankenkasse hat eine Liste der anerkannten Psychotherapeuten

Natürlich gibt es darüber hinaus noch weitere psychotherapeutische Behandlungsmethoden. Viele von ihnen haben jedoch aufgrund ihrer geringen wissenschaftlichen Basis keine große Verbreitung erfahren. Manche können sogar bei einzelnen Patienten und bei einzelnen Erkrankungsformen schädlich sein. Insofern muß stets zusammen mit einem Fachmann überlegt werden, welche Form der Psychotherapie bei welchem Problem und bei welcher psychiatrischen Erkrankung hilfreich ist.

Viele Methoden sind jedoch auch bei der Behandlung schwerer psychischer Erkrankungen vollkommen ungeeignet. Sie reißen mehr auf, anstatt stabilisierend zu wirken. Besondere Vorsicht gilt bei Selbsterfahrungswochenenden und anderen Therapieformen, die einen sehr raschen tiefen emotionalen Zugang versprechen. Dies kann bei schweren psychischen Erkrankungen zu schnell sein und mehr schaden als nutzen.

Welche Aufgabe hat Psychotherapie bei schizophrenen Erkrankungen?

Bei Menschen mit einer Schizophrenie zielt die Psychotherapie zunächst einmal auf die Bewältigung der Erkrankung und die Aufrechterhaltung der sozialen und beruflichen Fertigkeiten ab. Im Vordergrund stehen die ganz besonderen Probleme, die beim Erkrankten zur Verschlechterung der Lebenssituation führen können. Durch die Behandlung soll die Fähigkeit, mit Konfliktsituationen umzugehen, verbessert werden, ebenso das frühzeitige Erkennen und Vermeiden von belastenden Situationen. Es wird dabei geholfen, auch schwierige Lebenskrisen zu meistern und sie leichter zu überstehen.

Bei schizophrenen Erkrankungen ist es sinnvoll, zunächst dem Patienten bei der Bewältigung der aktuellen Krankheitsfolgen zu helfen

Für den schizophren Erkrankten soll eine Psychotherapie vor allem eine unterstützende Funktion haben und auch der Aufdeckung und Herausarbeitung von möglichen Ursachen für etwaige Rückfälle dienen. Die stützende Funktion liegt in einer Anleitung zu einer besseren Bewältigung von Alltagsproblemen, sei es partnerschaftlicher, familiärer oder beruflicher Natur. Die Aufarbeitung von möglichen Rückfallursachen kann davor schützen, sich nicht zu überfordern, und dazu dienen, spezielle Gefahren zu vermeiden und Fertigkeiten zu lernen, die die Rückfallgefahr mindern.

Die Psychotherapie sollte von einem Therapeuten durchgeführt werden, der sich auch als *kontinuierlicher Ansprechpartner* für den Kranken anbietet. In der Therapie schizophrener Erkrankungen ist eine lange, regelmäßige Zusammenarbeit sinnvoll. Es braucht Zeit, um Vertrauen aufzubauen; Veränderungen werden ebenfalls nur in kleinen, langsamen Schritten geschehen.

Für die Psychotherapie mit Patienten, die an einer Schizophrenie leiden, wurden spezielle Leitlinien erarbeitet:

- In möglichst gut verständlicher und einfacher Sprache soll der Therapeut ganz klar die kurz- und langfristigen Therapieziele erkenntlich und realistisch formulieren.
- Die Verantwortung und die Aufgaben sollen innerhalb einer Psychotherapie klar verteilt sein.
- Die Psychotherapie sollte nicht unbedingt intensiv (Gefahr der Überstimulation), sondern eher langfristig (durchaus über viele Jahre) geplant sein.
- Der Psychotherapeut hat die Aufgabe, den Patienten aktiv zu unterstützen, ihn jedoch nicht zu bevormunden, sondern seine Eigenaktivität zu fördern.
- In der Psychotherapie soll der Patient vor einer Überforderung geschützt sein, jedoch auch zu eigener Leistung angespornt werden.

Bei der Psychotherapie von schizophrenen Menschen kommt es darauf an, einen Mittelweg zwischen zu starker Belastung (Überstimulation), etwa durch emotional aufwühlende Therapieverfahren, und zu geringer Anregung (Unterstimulation) zu finden

Die Therapieformen mit den besten Erfolgen

Die Psychotherapietechniken, die auf der Verhaltenstherapie basieren, haben in der Behandlung von schizophrenen Psychosen gute Erfolge nachweisen können. Sie umfassen psychologische Methoden sowie spezielle Gesprächsführungen und Übungen zum Aufbau von sozialen Fertigkeiten und Kompetenzen.

Die beste Psychotherapieform wäre ein regelmäßiges Einzel- oder Gruppengespräch, in dem der Patient zusammen mit dem Therapeuten versucht, das zuvor vereinbarte Ziel zu erreichen. Dies kann bei der Medikamenteneinnahme beginnen und im weiteren Verlauf die berufliche Rehabilitation betreffen.

Bestehen Schwierigkeiten im Umgang mit Mitmenschen, der Familie oder Freunden, kann ein *soziales Kompetenztraining* oder *Kommunikationstraining* begonnen werden. Ein Training

zur Problemlösungskompetenz dient der leichteren Bearbeitung von Alltagsproblemen. Bei Konzentrationsstörungen oder einer nachlassenden Leistungsfähigkeit können durch ein kognitives Leistungstraining, das heißt durch ein regelmäßiges Konzentrationstraining und Üben von Konzentrationsaufgaben, die Aufnahme- und Merkfähigkeit verbessert werden.

Bei der *psychoedukativen Behandlung* kann der Patient durch eine Verbesserung der Kenntnisse über die Erkrankung und die Möglichkeiten zur Selbsthilfe, einschließlich der medikamentösen Behandlung, lernen, die Erkrankung besser zu bewältigen. Während es für manche individuellen Probleme und für manche Menschen angebrachter ist, eine Behandlung im Einzelkontakt durchzuführen, ist es für viele auch im Zusammenhang mit Kontaktproblemen und Vereinsamung hilfreich, eine Behandlung in der Gruppe zu wählen.

Die Behandlung

Was bewirkt die Psychotherapie?

Psychotherapietechniken, die speziell auf Schizophreniekranke zugeschnitten sind, haben nachweisbar einen günstigen Einfluß auf den Krankheitsverlauf. Dies gilt vor allem, wenn Psychotherapie und medikamentöse Therapie sich gegenseitig unterstützen. Die alte Behauptung, man müsse sich entweder für eine medikamentöse Therapie oder eine Psychotherapie entscheiden, ist falsch. Ein sinnvolles Miteinander beider Ansätze ist für Schizophreniekranke die beste Lösung. Dadurch können die Rückfallgefahr und die Notwendigkeit erneuter stationärer Behandlung deutlich gesenkt werden. Die Alltagsprobleme werden leichter lösbar. Die Lebensqualität steigt dadurch merklich an.

Was wirkt in der Psychotherapie?

Entscheidendes Kriterium für die Fortführung einer bis dahin schon lange andauernden Therapie ist, ob weitere klare Ziele formuliert werden können und ob entsprechende Teilerfolge auch deutlich sichtbar werden

Für die positive Wirkung der Psychotherapie ist entscheidend, daß eine vertrauensvolle Beziehung zwischen dem Therapeuten und dem Patienten besteht. Das psychotherapeutische Angebot muß vom Patienten regelmäßig und kontinuierlich wahrgenommen werden, um das Ziel der Behandlung, das eingangs festgelegt wird, auch erarbeiten zu können.

Zur Psychotherapie gehört – neben Informationen und Gesprächen – das Einüben von Verhaltensweisen in schwierigen Situationen. Dazu werden zum Beispiel von Patient und Therapeut bestimmte Situationen in Rollenspielen nachgestellt und immer wieder einstudiert. Es werden aber auch in begrenztem Umfang Ratschläge für schwierige Lebenssituationen gegeben. Eine Psychotherapie, die den verborgenen Sinn der schizophrenen Erkrankung im Lebenslauf des Betroffenen deutlich machen will, sollte unserer Meinung nach erst begonnen werden, wenn eine ausreichend lange Stabilität im Krankheitsverlauf erreicht worden ist. Jede »tiefschürfende« Psychotherapie kann auch eine massive Bürde darstellen, die die Belastungsgrenzen wieder überschreiten kann. Deshalb ist bei den »aufdeckenden« Psychotherapieverfahren oder insbesondere bei den vielfältig angebotenen Selbsterfahrungskursen eine besondere Vorsicht geboten, um die kritische Balance zwischen Belastung und Belastbarkeit zu halten.

Psychoedukative Familienbetreuung

Während der Akutphase der Schizophrenie werden die Patienten meist mit Neuroleptika behandelt und sollten gleichzeitig eine stützende Betreuung durch die Therapeuten und das Pflegepersonal erfahren. Die Patienten benötigen ausreichende Rückzugsmöglichkeiten, um sich vor zu starker Überreizung schützen zu können. Schon während dieser Zeit sollten die Angehörigen mit einbezogen werden. Insbesondere sollte im familiären Rahmen frühzeitig besprochen werden, wie die Zeit nach der Entlassung des Patienten aus der Klinik gestaltet werden kann, um einen Rückfall zu verhindern und um dem Patienten zu helfen, seine alte Leistungsfähigkeit so gut wie möglich wiederherzustellen.

Das Familienklima

Untersuchungen weisen darauf hin, daß belastende Lebensereignisse – wie der Tod eines Familienangehörigen, Verlust der Arbeit oder Abbruch einer wichtigen Beziehung – zu Verschlechterungen der Krankheit beitragen oder einen Rückfall auslösen können.

Aus anderen Studien geht hervor, daß die Umgebung, in der ein Schizophreniekranker lebt – vor allem seine Familie, aber auch seine Arbeitskollegen oder Freunde -, sehr wichtig für den Verlauf der Erkrankung ist. Enge Bezugspersonen können eine große Hilfe sein, wenn sie den Kranken dabei unterstützen und ermutigen, seine früheren Fähigkeiten allmählich zurückzuerlangen.

Die Behandlung

Die Familie kann für den Patienten eine wichtige Unterstützung während der Behandlung sein und zur Bewältigung der Krankheit beitragen

Wenn Angehörige den Patienten jedoch unter Druck setzen, an ihm herumnörgeln und ihn häufig kritisieren, werden die Dinge meist nur schlimmer. Der Patient wird sich den Angehörigen gegenüber ähnlich verhalten, und das Familienklima leidet auf Dauer unter den unfruchtbaren Auseinandersetzungen oder dem Rückzug aller Beteiligten. Wenn die Angehörigen andererseits zuviel für den Patienten tun und es ihm ermöglichen, den ganzen Tag herumzuliegen und nichts zu tun, so dient auch das nicht der Besserung.

Der Patient wird nicht alle Belastungen vollständig vermeiden können. So ist es hilfreich, wenn sich alle Familienmitglieder gegenseitig darin unterstützen, die Schwierigkeiten im Leben jedes einzelnen – das heißt des Patienten, aber auch der Mutter, des Vaters oder des Partners – zu bewältigen und realistisch gesteckte Ziele Schritt für Schritt zu verfolgen.

Wissen ist Macht

Das Gefühl, den Spezialisten ausgeliefert zu sein, nimmt ab, wenn sich der Patient und die Angehörigen Fachwissen aneignen. Psychoedukative Programme machen Patienten und Angehörige zu Experten der Behandlung. So können sie als aktiverer und selbstbewußterer Partner die Zusammenarbeit mit den Fachleuten suchen.

Psychoedukative Rückfallprophylaxe

In den letzten Jahren ist eine Reihe von sehr wirksamen sogenannten psychoedukativen Therapieprogrammen für Familien entwickelt worden, die von dem Empfindlichkeits-Belastungs-Modell ausgehen und die die oben angeführten Überlegungen berücksichtigen.

Diese Programme werden mit dem Patienten und seinen engsten Angehörigen durchgeführt und haben folgende Themen:

Psychoedukative Familienbetreuung

1. Was wissen wir über Schizophrenie? – Die Familien werden über den Kenntnisstand zur Schizophrenie und über die Behandlungsmöglichkeiten einschließlich der Medikation ausführlich aufgeklärt (deshalb auch der Begriff »psychoedukativ«). Besprochen wird, welche Symptome auftreten und was man heute über die Ursachen weiß. Beweise für die Annahme, daß die Familie eine Schizophrenie verursachen kann, gibt es im übrigen nicht. Bis vor einigen Jahren wurde häufiger die Meinung vertreten, daß eine Schizophrenie durch die Art, wie Eltern den Kindern ihre Gedanken und Gefühle vermitteln, verursacht werde. Es ist allgemein bekannt, wie wichtig dieser Aspekt ist, doch gibt es keinerlei wissenschaftlichen Nachweis dafür, daß bestimmte Mängel in den frühen Lebensjahren, Schwierigkeiten in der Kommunikation mit den Eltern oder eine unglückliche Kindheit die alleinigen Ursachen für die Schizophrenie sind.

   Es hat sich wissenschaftlich nicht bestätigen lassen, daß die Familie die alleinige Schuld am Ausbruch der schizophrenen Erkrankung hat

2. Wie wirken die Medikamente? Wie wirken Neuroleptika? Was kann man gegen die unerwünschten Nebenwirkungen tun?

3. Was sind Frühwarnzeichen? Wie erkennt man einen drohenden Rückfall? Was kann ich tun? Wann sollte ich meinen Angehörigen unbedingt zum Arzt schicken? – Es werden patientenspezifische Frühwarnzeichen vermittelt, um möglichst rasch einen drohenden Rückfall zu erkennen und ihm so rechtzeitig vorbeugen zu können.

4. Wie soll man miteinander reden? – Das therapeutische Vorgehen zielt darauf ab, Kritik und eine zu starke, übermäßige und damit für beide Seiten ungesunde Gefühlsbeteiligung der Angehörigen abzubauen. Geübt wird unter anderem, wie positive und negative Gefühle angemessen ausgedrückt und angenommen werden können und wie man Wünsche nach Verhaltensänderungen angemessen vorbringt. Die Patienten können lernen, ihre Bedürfnisse klarer anzusprechen, ohne mit Rückzug oder aber auch ohne mit aggressiven Verhaltensweisen zu reagieren.

Angehörige klagen am meisten über die Hilflosigkeit, der sie sich durch die unverstehbare Erkrankung ausgeliefert fühlen. Psychoedukation soll diese Hilflosigkeit abbauen und konkrete Ansätze im Umgang miteinander vermitteln

5. Wie kann man Probleme lösen? – Dieser Therapieschritt orientiert sich an aktuellen Familienproblemen und versucht, konkrete Lösungen zu finden. Im einzelnen wird besprochen, wie ein Problem einzugrenzen ist, welche Lösungsmöglichkeiten es überhaupt gibt und welche als wirksam zur Bewältigung des Problems erscheinen. Schließlich wird festgesetzt, wie man diese Lösungsmöglichkeiten tatsächlich im Familienalltag umsetzen kann.

Insgesamt wird so den Familien Hilfe zur Selbsthilfe vermittelt. Die Maßnahmen richten sich nicht nur auf die Probleme des Patienten, sondern es wird versucht, die Lebensqualität aller Familienmitglieder zu verbessern, denn gerade die Belastung der Angehörigen durch die Erkrankung ist in der Vergangenheit oft vernachlässigt worden.

Wie finde ich den richtigen Therapeuten?

Therapeuten stammen überwiegend aus zwei Berufsgruppen. Es sind Ärzte oder Diplompsychologen. Ärzte haben nach ihrem Medizinstudium eine psychiatrische Fachausbildung, manchmal auch zusätzlich eine neurologische Weiterbildung absolviert, dann nennen sie sich Nervenärzte. Darüber hinaus können sie eine zusätzliche Psychotherapieausbildung erworben haben. Nach der aktuellen Weiterbildungsordnung ist die Psychotherapieausbildung automatisch Teil der Weiterbildung zum Psychiater. Es gibt aber auch Allgemeinmediziner oder Ärzte anderer Fachrichtungen, die eine zusätzliche Psychotherapieausbildung abgeschlossen haben.

Die psychologischen Psychotherapeuten haben als Grundlage ein Psychologiestudium meist mit Schwerpunkt klinische Psychologie. Danach schloß sich bei ihnen eine Psychotherapieausbildung an.

Der Unterschied zwischen beiden Gruppen ist der, daß die Psychiater als Ärzte auch Medikamente verschreiben dürfen, die

Fachausbildung

Ein Psychiater hat Medizin studiert und eine Weiterbildung in der medizinischen Behandlung von psychischen Erkrankungen gemacht. Als Mediziner darf er Medikamente verschreiben. Hat er auch Psychotherapie gelernt, darf er die Bezeichnung »Psychotherapie« verwenden. Ganz neu in der Weiterbildungsordnung für Psychiater ist, daß sie jetzt automatisch Psychotherapie lernen müssen. Sie dürfen sich dann Arzt für Psychiatrie und Psychotherapie nennen.

Ein Psychologe kann sich nach dem Diplomabschluß des Psychologiestudiums in einer mehrjährigen Ausbildung zum Psychotherapeuten weiterbilden.

Psychologen meist über eine fundiertere Grundausbildung in den psychologischen Mechanismen, die unser Verhalten und Fühlen beeinflussen, verfügen.

Von den Krankenkassen anerkannt sind Therapieausbildungen in psychodynamisch-psychoanalytischer Psychotherapie und Verhaltenstherapie. Manche psychologische Psychotherapeuten führen auch direkt mit den Krankenkassen Verhandlungen über die Bezahlung von anderen Therapieverfahren wie zum Beispiel Gestalttherapie oder bestimmte Körpertherapieverfahren, die ansonsten nicht erstattet werden.

Nach dem Krankenhausaufenthalt wird in der Regel ein Psychiater oder Nervenarzt die Behandlung wegen der oft noch notwendigen Medikamentenbehandlung fortführen. Zusätzlich zu diesen Gesprächen ist es oft sinnvoll, eine psychotherapeutische Hilfe in Anspruch zu nehmen, die gezielter die seelische Befindlichkeit, die Verarbeitung des Krankheitsereignisses oder die Bearbeitung von aktuellen Konflikten angeht.

Um einen guten Therapeuten/eine gute Therapeutin zu finden, sollten einige Kriterien beachtet werden.

Prüfen Sie, ob Sie sich verstanden und angenommen fühlen und ob sich im Lauf der Therapie tatsächlich Änderungen in der gewünschten Richtung einstellen. Falls es Ihnen erst einmal schlechter geht, hinterfragen Sie es. Das muß nicht so sein

Hinsichtlich des Psychiaters und seiner Kompetenz in Fragen der medikamentösen Behandlung ist zu beachten:

- Haben Sie das Gefühl, in Ihren Fragen und Bedenken zu Wirkungen und Nebenwirkungen der Medikamente angenommen und ernst genommen zu werden?
- Fühlen Sie sich über den Sinn der gesamten Behandlungsstrategie ausreichend informiert? Ist Ihnen verständlich erklärt worden, zu welchen Anteilen medikamentöse Therapie und Psychotherapie bei Ihnen Anwendung finden?
- Erhalten Sie in Notfällen sofort einen Termin?

Für die Beurteilung einer Psychotherapie ist wichtig, daß
- eine vertrauensvolle Beziehung zum Therapeuten entsteht,
- ein deutlicher Zuwachs an Stabilität im Verlauf der Therapie zu spüren ist und
- sich ein deutlicher Zuwachs an Erkenntnis und an Fähigkeiten, mit kritischen Problemen umgehen zu können, abzeichnet.

Für Schizophreniekranke sind Therapieverfahren oder Therapeuten zu empfehlen, die eher stützende und strukturierende Hilfe anbieten. Tiefer aufwühlende, aufdeckende Therapien, darunter insbesondere primär auf Selbsterfahrung ausgerichtete Verfahren, bringen besonders kurz nach einer akuten Krankheitsphase eine deutliche Rückfallgefahr mit sich.

Fragen an einen Psychotherapeuten
- Hat er/sie viel Erfahrung im Umgang mit Schizophreniekranken?
- Arbeitet er/sie mit aufdeckenden Methoden oder stützend und strukturierend?
- Steht er/sie unter Supervision, das heißt, läßt der Therapeut seine Arbeit regelmäßig von Kollegen überprüfen?

Kapitel 4

Hilfen für den Alltag und Selbsthilfe

Die Auswirkungen einer psychischen Erkrankung sind in allen Lebensbereichen spürbar. Selbst nach dem Abklingen der akuten Symptome – wie Halluzinationen, Wahnvorstellungen, Denkstörungen, Angst und Niedergeschlagenheit – werden oft Veränderungen zu früher wahrgenommen. Sehr oft berichten Patienten von Konzentrationsstörungen (sogar das Lesen der Zeitung fällt schwer), von Antriebslosigkeit (alle Vorhaben und Entscheidungen werden zur Last) und von Mutlosigkeit, weil vieles nicht mehr so wie früher ist. Aber auch ganz konkrete Fragen tauchen auf: »Wie geht es mit der Arbeit oder Ausbildung weiter? Was mache ich in meiner Freizeit? Wie finanziere ich mich, wo wohne ich?« Hier müssen Hilfen für den Alltag ansetzen, die genauso wichtig sind wie die Akutbehandlung. Oft sind sie sogar entscheidend für eine gute Reintegration.

Bereich Arbeit

Nach einem langen Krankenstand muß die Konzentrationsfähigkeit als Grundlage für alle weiteren geplanten Aktivitäten genauso intensiv wieder geübt werden wie das Laufen nach einem komplizierten Beinbruch.

Hier bieten die beschäftigungstherapeutischen Abteilungen im Krankenhaus und auch ambulant arbeitende Ergotherapeuten erste Hilfen an. Darüber hinaus kann in einer therapeutischen Arbeitsstätte (Arbeitstherapie) Konzentration und Durchhaltevermögen an konkreten Aufgabenstellungen trainiert werden.

Konzentration und Durchhaltevermögen müssen nach langer psychischer Erkrankung wieder gelernt werden

Wann greifen die Hilfen für den Alltag?
Die Symptomatik der akuten Krankheit muß vollständig abgeklungen sein. Der meist noch notwendige Schutz vor einem Rückfall in die akute Krankheit mit Hilfe von Medikamenten sollte von einem Fachmann sorgfältig abgestimmt werden und möglichst keine Nebenwirkungen auslösen.

Hier kann jeder Patient eine Analyse seiner derzeitigen Fähigkeiten und eine gestufte Planung zur Wiedereingliederung in einen Arbeitsalltag erhalten.

Schritte auf dem Weg in den »normalen« Arbeitsmarkt sind betreute Berufspraktika, Arbeitsübung in Selbsthilfefirmen für Patienten, Arbeit in beschützten Werkstätten, Umschulungsmaßnahmen und therapeutisch betreute Arbeitsversuche am alten Arbeitsplatz. Selbsthilfe- oder Integrationsfirmen sind Unternehmen, die Arbeitsplätze für psychisch Kranke unter therapeutischer Anleitung bereitstellen und versuchen, im allgemeinen Wettbewerb zu bestehen. Hier kann wie in einem normalen Betrieb gegen Entlohnung gearbeitet werden. In beschützten Werkstätten sind die Anforderungen sehr niedrig und an die Fähigkeiten der Patienten angepaßt. Hier steht das Üben von Konzentration und Durchhaltevermögen im Vordergrund.

Auskunft erteilen die Mitarbeiter der Beschäftigungs- und Arbeitstherapie oder des Sozialdienstes am zuständigen psychiatrischen Krankenhaus, in den sozialpsychiatrischen oder psychosozialen Diensten, in Hauptfürsorgestellen oder anderen kommunalen Einrichtungen je nach Bundesland.

Bereich Freizeit und soziale Kontakte

Der Freundes- und Bekanntenkreis ist für den Betroffenen nach seiner langen Erkrankung meist weitgehend geschrumpft.

Soziale Kontakte und Freizeitaktivitäten, auch wenn sie erst einmal Anstrengung kosten, schützen vor Isolation und geben Kraft

Kontakte und Hobbys müssen mühsam wieder aufgebaut und gepflegt werden. Dazu sind auch spezielle Fähigkeiten – sich für etwas entscheiden, etwas planen und dann umsetzen können – notwendig. Auch diese Fähigkeiten müssen nach langem Krankenhausaufenthalt, wo alle Entscheidungen für den Tagesablauf weitgehend abgenommen wurden, wieder trainiert werden.

Insgesamt ist die schizophrene Erkrankung ein so massiver Einschnitt in alle Lebensbelange, daß es kein Wunder ist, wenn Betroffene sich zurückziehen und zutiefst verunsichert sind, wie es weitergehen soll. Hier hilft eine möglichst umfassende ehrliche Aufklärung über die Erkrankung, ihre möglichen Folgen und die Bewältigungsmöglichkeiten. Dieser Ratgeber will dazu einen Beitrag leisten.

Weitere Möglichkeiten sind die schon erwähnten psychoedukativen Gruppen, in denen in gut verständlicher Form fachspezifisches Wissen vermittelt wird. Weiterhin zählen dazu die sogenannten Psychose-Seminare, in denen Betroffene, Angehörige und Fachleute ihr Wissen und ihre Erfahrung mit der Erkrankung gleichberechtigt austauschen (siehe auch Seite 69). Ab einem gewissen Stadium der inneren Stabilität ist ein offener Austausch über diese Fragen ein gutes Mittel, um wieder Eigeninitiative und Mut zurückzugewinnen.

Erste Kontakte außerhalb des Hauses lassen sich in psychosozialen Kontakt- und Beratungsstellen knüpfen, die Gesprächskreise, Beratung und Patientenclubs anbieten. Es werden Freizeitaktivitäten gemeinsam geplant und unternommen, und langsam können sich daraus wieder Eigeninitiative und neue Lebensfreude entwickeln.

Auskunft erteilen die nächste psychiatrische Klinik, sozialpsychiatrische Dienste, Patientenclubs, Sportvereine, die Volkshochschule, örtliche Selbsthilfeinitiativen von Patienten, der Landes- oder Bundesverband der Psychiatrie-Erfahrenen (Adresse siehe Seite 72).

Bereich Finanzen

Die lange Erkrankung hat in vielen Fällen dazu geführt, daß finanzielle Probleme zu bewältigen sind. Es kann sein, daß die Finanzierung von beruflichen Wiedereingliederungsmaßnahmen überlegt werden muß, daß die Krankenkassen nicht mehr weiterzahlen und Sozialhilfe beantragt werden muß, daß ein Schwerbehindertenausweis oder sogar die Rente zu beantragen ist.

Bei finanziellen Problemen helfen spezielle Berater des Arbeitsamtes, der Sozialbehörde und der sozialpsychiatrischen Dienste. Es lohnt sich auch, bei den Betroffenen- und den Angehörigen-Selbsthilfeverbänden nach Tips und Tricks nachzufragen. In manchen Fällen ist es sinnvoll, die Regelung der finanziellen Angelegenheiten einem offiziell bestellten Betreuer zu übergeben. Dies kann ein Angehöriger oder aber auf Wunsch auch eine von den Behörden beauftragte Amtsperson sein.

Auskunft erteilen Arbeitsamt, Sozialbehörde, sozialpsychiatrischer Dienst und Selbsthilfeverbände.

Bereich Wohnen

Besonders junge Erwachsene, die nach der Erkrankung wieder zurück in die elterliche Wohnung gezogen sind, sehen sich vor das Problem gestellt, noch nicht wieder ganz allein in einer eigenen Wohnung zurechtzukommen, trotzdem aber von neuem Selbständigkeit aufbauen zu wollen und zu müssen. Für diesen Zweck sind mittlerweile in fast allen Städten betreute Wohnmöglichkeiten entstanden. Patienten können in ihrer eigenen Wohnung betreut werden oder in Wohngemeinschaften oder für eine begrenzte Zeit in einem Übergangswohnheim leben. Aber auch Plätze in Dauerwohnheimen werden angeboten. Die Betreuung reicht von der Möglichkeit zu regelmäßigen Begegnungen und Gesprächen im Treffpunkt des Betreuungsvereins bis hin zu Hilfen beim Einkaufen und der Haushaltsführung vor Ort.

Ob ein Erwachsener noch bei seinen Eltern wohnen bleiben soll, müssen beide Seiten gut abwägen. Holen Sie sich notfalls fachlichen Rat, um gemeinsam die Vor- und Nachteile abzuwägen. Eindeutig wichtig ist ein tragfähiges, möglichst streßfreies soziales Netz zur Unterstützung

Auf diesem Weg kann ein hoher Grad an Eigenständigkeit über längere Zeit abgestuft wiedergewonnen werden.

Auskunft erteilen die sozialpsychiatrischen Dienste, die örtliche psychiatrische Klinik, psychosoziale Trägervereine, Vereine für betreutes Wohnen und Übergangswohnheime.

Wir können nur immer wieder daran erinnern, daß nicht nur die Krankheitssymptome an sich behandelt werden müssen. Genauso wichtig ist es, die Fähigkeit, mit Alltagsproblemen umzugehen, wiederzugewinnen. Nach einer langen Erkrankungszeit kann sie verlorengegangen sein und muß mit viel Zeit und Geduld neu erlernt werden.

Der Bundesverband Psychiatrie-Erfahrener e. V.

Eine psychiatrische Behandlung erscheint aus der Sicht eines Betroffenen sicherlich anders als aus der Sicht eines Psychiatriemitarbeiters. Betroffene erfahren die Psychiatrie spätestens bei Zwangsunterbringung und -behandlung als etwas sehr Bedrohliches. Therapeutische Maßnahmen werden dann nicht als hilfreich erlebt, sondern lösen bisweilen Angst aus; sie erscheinen gewaltsam und würdelos. In der Bevölkerung besteht ja auch tatsächlich noch überwiegend dieses bedrohliche Bild von der Psychiatrie: »Gibt es hier noch Zwangsjacken und Gummizellen?« – »Wird man dort nur noch als mit Medikamenten vollgestopfter Zombie herumlaufen?« – »Wer einmal in der Klapsmühle war, der ist und bleibt verrückt.«

Betroffene, die sich in einer psychiatrischen Klinik behandeln lassen mußten, sind dieser Stigmatisierung ausgesetzt und haben manchmal tatsächlich Zwangsmaßnahmen wie Unterbringung gegen ihren Willen, Fixierungen usw. erlebt.

Um dem Selbstbestimmungsrecht der Betroffenen Geltung zu verschaffen, Zwang und Gewalt in der psychiatrischen Praxis objektiv und subjektiv zu verringern, gründeten ehemalige Patienten 1992 den Bundesverband Psychiatrie-Erfahrener e. V. Dieser Bundesverband fordert die Entwicklung sinnvoller Alternativen zur derzeitigen Behandlungsmentalität. Besondere Kritik richtet sich gegen die Behandlung mit Medikamenten und deren einseitige Anwendung. Dabei wird auf die als mangelhaft erlebte Aufklärung der Patienten durch Ärzte hingewiesen, ebenso auf die Beeinträchtigungen durch die schwer abschätzbaren Nebenwirkungen (»Zombie-Dasein«) der Medikamente.

Der Bundesverband fordert Hilfen unter Wahrung einer gleichberechtigten Partnerschaft von Therapeut und Patient. Besonders wichtig ist den Verbandsmitgliedern, ausreichend Gesprächsräume und Gesprächsmöglichkeiten mit Fachleuten innerhalb und außerhalb der Kliniken zu erhalten. Die individuellen Erfahrungen während der akuten Erkrankungen sollen ernst genommen und als Bestandteil des subjektiven Empfindens akzeptiert und gewürdigt werden.

Eine weitere Forderung des Verbandes ist, jede Dogmatik in psychiatrischen Theorien und Behandlungskonzepten zu beenden. Das heißt im einzelnen:

Das Dogma »Es schadet dem Patienten, auf die Wahnvorstellungen inhaltlich einzugehen, dadurch wird die Symptomatik verstärkt« sollte ersetzt werden durch: »Es macht Sinn, über die Inhalte von Halluzinationen und Wahnvorstellungen zu sprechen und zu versuchen, diese vor dem Hintergrund der jeweiligen Lebensgeschichte zu verstehen.«

Das Dogma »Schizophrene Patienten sind nicht therapiefähig« sollte der Einstellung weichen: »Psychotherapie, die stützt und als begleitender, strukturierender Prozeß zur Stabilisierung verstanden wird, ist sinnvoll.«

Ganz besonders die These, daß Schizophrenie eine Erbkrankheit ist, sollte durch ein Modell ersetzt werden, daß mehrere Erklärungen zuläßt, denn Schizophrenie hat viele Ursachen.

Hilfe zur Selbsthilfe: Betroffene, die an einer psychischen Krankheit gelitten haben, können sich gegenseitig in besonderer Weise unterstützen

Der Bundesverband Psychiatrie-Erfahrener fordert respektvollen Umgang der Fachleute mit den Erkrankten, ein Ernstnehmen der Inhalte der Symptomatik als Zugang zum Menschen und nicht nur die schnelle Beseitigung der Symptome

Die Annahme, Schizophrenie sei eine Erbkrankheit, scheint in der Öffentlichkeit noch weit verbreitet zu sein. Gerade wegen unserer eigenen deutschen Geschichte – schizophrene Patienten wurden in der Nazizeit zwangssterilisiert und auch in Vernichtungslagern getötet – ist es notwendig, diesen Vorurteilen entgegenzuwirken, um in Zukunft solche Grausamkeiten auszuschließen. In diesem Sinne beobachtet der Verband die Zunahme der Genforschung und die Diskussion über die ethischen Konsequenzen für Forschung an nicht einwilligungsfähigen Patienten in letzter Zeit besonders kritisch.

Die Aufgaben des Bundesverbandes
Zu den Aufgaben des Verbandes gehören der Aufbau von Selbsthilfegruppen, vielfältige Arten der Öffentlichkeitsarbeit und die Einflußnahme auf psychiatriepolitische Entscheidungen.

Der Verband versucht, im Rahmen seiner beschränkten finanziellen Möglichkeiten beratend tätig zu sein und Hilfsmöglichkeiten und Hilfsangeboten zu vermitteln.

Konkrete Ziele und Forderungen des Verbandes sind:

- Psychotherapie für Schizophrene und Psychotiker als Regelbehandlung, um den Einsatz von Neuroleptika zu minimieren,
- Aufbau von Alternativen zur Psychiatrie durch Zufluchtswohnungen und Weglaufhäuser, die durch Selbsthilfe getragen sind,
- Anwendung neuer medikamentenreduzierender Konzepte in den Kliniken und der begleitenden außerstationären Behandlung sowie
- Schaffung von diversen Nutzerkontrollmöglichkeiten in und außerhalb von Einrichtungen,
- Einführung von öffentlichen Beschwerdezentren, Ombudsleuten und Beiräten.

Im Verband gibt es zwei Hauptströmungen: auf der einen Seite einen antipsychiatrischen Flügel, der Zwang und Gewalt sowie Psychopharmaka ablehnt und der das absolute Selbstbestimmungsrechts des Individuums stärken will. Auf der anderen Seite steht ein realpolitischer Reformflügel, der auf Dialog mit Fachleuten auf allen Ebenen ausgerichtet ist, aber dabei auch durchaus sehr kritische Positionen vertritt.

Für die einzelnen Mitglieder bieten der Verband und die ihm angegliederten Selbsthilfegruppen einen zentralen Rückhalt auf ihrem Weg zur Heilung oder zu einer selbstgewählten Form von Normalität.

Politischer Einfluß entsteht nur durch Solidarität der direkt und indirekt Betroffenen

Die Psychose-Seminare

Die in diesem Buch schon an anderer Stelle erwähnten Psychose-Seminare haben vielen Gründungsmitgliedern des Bundesverbandes Psychiatrie-Erfahrener den Mut zum offenen Ge-

Das Psychose-Seminar, eine offene, gleichberechtigte Gesprächsrunde von Fachleuten, Angehörigen und Psychiatrie-Erfahrenen, wurde 1989 von dem Psychologen Thomas Bock an der Hamburger Universitätsklinik ins Leben gerufen

spräch und zur kritischen Auseinandersetzung mit Psychiatrie und Ärzteschaft gegeben. Vom ersten Psychose-Seminar ging ein wichtiger Impuls zur Gründung des Verbandes aus.

Psychose-Seminare finden seit 1989 an der Psychiatrischen Klinik der Universitätsklinik Eppendorf in Hamburg statt. Dabei geht man davon aus, daß weitere Erkenntnisfortschritte bei dieser komplexen Erkrankung durch einen wechselseitigen Austausch und eine stärkere Berücksichtigung der subjektiven Wahrnehmungen der Patienten möglich werden. Diese gleichberechtigte Begegnung hat das Ziel, Wissen zu sammeln und ein gegenseitiges Verstehen zu ermöglichen.

Seminarteilnehmer sind Menschen, die an einer Psychose leiden oder gelitten haben, Angehörige und in der Psychiatrie Tätige. Gemeinsam werden am Anfang des Semesters Themen vorgeschlagen, zum Beispiel: »Was braucht man in einer Psychose?«, »Stimmenhören und Wahnbilder – Was passiert, wenn die Realität kippt?«, »Psychotherapie bei Psychosen – wann, wie, für wen?«, »Macht die Vielfalt der Therapien verrückt?«

Sind die Themen ausgewählt, wird überlegt, ob zu bestimmten Fragen Fachreferate von Ärzten, Psychologen, Sozialarbeitern und anderen mit anschließender Diskussion wichtig, aufklärend und hilfreich sind. Über jedes Treffen wird ein Protokoll geschrieben. Diese Protokolle allein würden ein spannendes Buch füllen. »Ziel ist«, so haben es die drei Teilnehmergruppen formuliert, »die Wahrnehmung und die Bedürfnisse der anderen Gruppe kennenzulernen und unabhängig von familiärer Abhängigkeit und therapeutischer Verantwortung miteinander zu reden.«

Psychose-Seminare sollen helfen, den respektvollen Umgang miteinander zu üben und die jeweiligen »Wahrheiten« von Patient, Angehörigen, Arzt und Betreuer anzuerkennen

Der in Psychose-Seminaren geübte sogenannte Trialog, das Gespräch unter Fachleuten, Angehörigen und Patienten auf gleichberechtigter Ebene, gibt Richtungen an, wohin aus Sicht der Betroffenen die Psychiatrie entwickelt werden könnte. Beispielsweise sollte die persönliche Beziehung als respektvolle partnerschaftliche Begegnung in der Behandlung und Betreuung maßgebend sein. Um dieses Ziel zu erreichen, fordert

der Bundesverband die Einführung von Behandlungsvereinba-
rungen, so daß der einzelne Patient nach dem Betreten einer
Klinik oder Einrichtung nicht machtlos und einflußlos auf die
durchgeführte Behandlung bleiben muß. In den Behandlungs-
vereinbarungen wird zum Beispiel festgehalten, ob überhaupt
oder welche Medikamente vertragen werden und welche stüt-
zenden Maßnahmen bei akuter Gefahr angewendet werden sollen. Aufgrund ihrer langjährigen Erkrankung wissen die erfah-
renen Patienten sehr viel besser, welche Maßnahmen
beruhigend wirken und welche aufgrund der individuellen
Krankengeschichte zu einer weiteren Eskalation führen.
Fachlich wird gefordert, daß eine auf die individuellen Bedürfnisse des Patienten zugeschnittene Behandlung zum Standard
erhoben wird und daß das Detailwissen der Fachleute durch den
Austausch mit Angehörigen und Betroffenen ergänzt wird.

Behandlungsvereinba-
rungen, die nach der
Entlassung aus der
Klinik formuliert und
abgeschlossen werden,
können bei einem
möglichen Rückfall ein
individuell angepaßtes
Vorgehen sicherstellen

Eine weitere Forderung ist, daß die Betroffenen an allen psychiatriepolitischen Entscheidungen und Planungsprozessen beteiligt werden sollen – eine Forderung, die nicht nur der Verband erhebt.

Nachdem die psychische Krankheit und auch die Psychiatrie bei den Betroffenen oft große Hilflosigkeit ausgelöst haben, ist es für eine Genesung entscheidend wichtig, Eigenverantwortlichkeit zurückzugewinnen. Den Umgang mit der Krankheit kann man sehr gut aus den Erfahrungen anderer Patienten in Selbsthilfegruppen, ob autonom oder von Fachleuten geleitet, lernen. Dem psychiatrischen System mitgestaltend entgegentreten zu können ist eine wichtige, Solidarität schaffende Grunderfahrung, die der Bundesverband vermittelt. Dazu kommen für den Betroffenen die Möglichkeiten des persönlichen Austausches sowie Anregungen zur Selbsthilfe.

Bundesverband Psychiatrie-Erfahrener e. V.
Thomas-Mann-Straße 49 A, 53111 Bonn

Was Angehörigen weiterhilft

Wenn ein sehr naher Mensch – Vater oder Mutter, Ehemann oder Ehefrau, Sohn oder Tochter – an Schizophrenie erkrankt, bedeutet das auch immer einen tiefen Einschnitt im eigenen Leben. Darum sollten Angehörige – je eher, desto besser – die heute angebotenen Hilfen in Anspruch nehmen, um die Krankheit zu verstehen und dadurch besser mit ihrem Patienten umgehen zu lernen.

Angehörigengruppen

Angehörigengruppen gibt es bei uns seit Ende der siebziger Jahre. Mittlerweile ist ihre Zahl auf rund 800 Gruppen angewachsen, die eine Art Netzwerk bilden. Anschriften können Sie bei Ihrem nächstgelegenen psychiatrischen Krankenhaus, beim sozialpsychiatrischen Dienst oder beim Bundesverband der Angehörigen psychisch Kranker e.V. erfragen.

In der Regel werden Angehörigengruppen im Rahmen der psychiatrischen Tätigkeit von unterschiedlichen Berufsgruppen – Fachärzten, Sozialarbeitern, Psychologen, Krankenpflegekräften – angeboten und geleitet. Die Teilnahme ist meist kostenlos. In den Kliniken tagen die Gruppen aufgrund akuter Anlässe oft wöchentlich, die Fluktuation ist verständlicherweise groß. Außerhalb der Klinik treffen sich die Gruppen vierzehntägig oder auch nur einmal im Monat – entweder in einer sozialen Einrichtung oder privat. Hier wie dort dienen die Gruppengespräche der Information über Krankheitsbilder, Behandlungsmöglichkeiten, Medikation, aber ebenso auch dem Erfahrungsaustausch, dem wechselseitigen Zuhören, Verstehen und Zuspruch sowie behutsamen und praktikablen Vorschlägen, ob und in welcher Weise sich eigenes Verhalten zum Wohl des erkrankten Familienmitglieds ändern läßt.

Wer von den Gruppenteilnehmern im Augenblick akute Probleme zu bewältigen hat, beginnt das Gespräch und berichtet. Die anderen hören zu, stellen Fragen, denken nach, raten, stützen, ermutigen. Denn jeder von ihnen weiß aus meist längerer Erfahrung, wovon die Rede ist. Ein weiterer, aber wichtiger Nebeneffekt: Die Angehörigengruppe bewahrt davor, die eigenen Sorgen an der falschen Adresse auszubreiten. Schmerzlicherweise können das sogar sehr gute Freunde sein; sie werden dann zu hilflosen Helfern.

Angehörigengruppen existieren mittlerweile an fast jedem psychiatrischen Krankenhaus. Fragen Sie nach

Bundesverband der Angehörigen psychisch Kranker e.V.

Unter dem Motto »Familien helfen sich selbst« wurde 1985 der Bundesverband der Angehörigen psychisch Kranker gegründet. Sein wichtigstes Ziel ist, möglichst viele Angehörige in regionale Gruppen zu vermitteln und diese Gruppen wiederum

Der Bundesverband der Angehörigen psychisch Kranker hält regelmäßige bundesweite Tagungen ab. Auch die Landesverbände sind aktiv mit Tagungen und eigenen Zeitschriften

in Orts- und Länderverbänden, von denen es fünfzehn gibt, zusammenzuführen. Denn wenn ein Familienmitglied seelisch erkrankt, sind immer auch die Angehörigen sehr stark betroffen. Angst und Ratlosigkeit, Schuld- und Schamgefühle, Vereinsamung und Überforderung, Unverständnis und Vorurteile, gestörte Kontakte zu Verwandten, Freunden und Nachbarn, aber auch berufliche und materielle Sorgen – die Liste des leidvollen Mittragens ist lang.

Entsprechend weitgefächert sind auch die Aufgaben, die sich der Bundesverband gestellt hat:

- Angehörige über Hilfsangebote und Rechte informieren,
- die Gesellschaft über die Situation der Familien psychisch Kranker aufklären,
- die Interessen der Angehörigen vertreten,
- auf die Gesundheitspolitik der Länder und des Bundes Einfluß nehmen,
- Einrichtungen, Träger und Institutionen beraten und unterstützen, um die familiengerechte Planung und Ausrichtung gemeindepsychiatrischer Angebote zu verbessern,
- auf Mißstände in der Psychiatrie hinweisen und sich damit auseinandersetzen.

Bundesverband der Angehörigen psychisch Kranker e. V.
Thomas-Mann-Straße 49 a
53111 Bonn
Telefon 0228/63 26 46

Wichtig: weiterführende Literatur

Die Diagnose Schizophrenie isoliert. Das gilt auch für Angehörige. Selbst nahen Freunden lassen sich all die Sorgen und Ängste kaum verständlich machen. Um so wichtiger ist es, nicht nur durch Gespräche, sondern auch durch Bücher über die Krankheit hinzuzulernen.

Im Anhang finden Sie Empfehlungen zu weiterführender Literatur. Es gibt mittlerweile ein breites Spektrum an ebenso spannenden wie informativen Büchern. Autoren sind Psychiater, Psychologen, in der Psychiatrie Tätige, Patienten und Angehörige. Es lohnt sich sehr, ver-rücktes Leben lesend zu begleiten und besser zu begreifen.

Kapitel 5

Rechtsfragen

Jeder Mensch hat das Recht, über das, was mit ihm und seinem Körper geschieht, selbst zu bestimmen. Das bedeutet unter anderem, daß ärztliche Maßnahmen in der Regel nur dann durchgeführt werden, wenn der Patient zustimmt. Trotzdem ist es unter bestimmten Umständen notwendig, einen psychisch kranken Patienten gegen seinen Willen zu behandeln.

Die Behandlung gegen den Willen des Patienten ist durch Gesetze geregelt. In der Bundesrepublik Deutschland gibt es zwei Wege: die Unterbringungsgesetze der Bundesländer und das Betreuungsrecht.

In jedem Bundesland gibt es ein Gesetz zum Umgang mit psychisch kranken, nicht einwilligungsfähigen Menschen

Unterbringungsgesetz

Maßnahmen nach einem Unterbringungsgesetz können dann ergriffen werden, wenn eine Person psychisch krank, geistig behindert oder suchtkrank ist *und* wenn deshalb die Gefahr besteht, daß sie sich selbst oder anderen Schaden zufügt. Dies kann beispielsweise der Fall sein, wenn ein akutkranker Patient gegen andere Menschen aggressiv wird oder wenn er oder sie versucht, sich das Leben zu nehmen.

In solchen Fällen ist meist Eile geboten. Am wenigsten eingreifend ist es für alle Beteiligten, wenn Angehörige oder Freunde den Patienten auf schnellstmöglichem Weg in das zuständige psychiatrische Krankenhaus bringen. Wenn der Patient sich dagegen wehrt, hat es keinen Sinn, einen Krankenwagen zu rufen. Rettungssanitäter dürfen keinerlei körperliche Gewalt anwenden. Sie werden sich deshalb in der Regel weigern, Patienten gegen ihren Willen zu transportieren.

Was tun im Notfall?

Muß in einem Notfall der Patient gegen seinen Willen in ein psychiatrisches Krankenhaus gebracht werden, ist es sinnvoll, einen Arzt zu rufen, der die Notwendigkeit der Einweisung bestätigt. Gleichzeitig muß die Polizei verständigt werden. Die Polizei begleitet den Patienten während des Transports und fertigt einen Bericht an. Dieser Bericht wird dann dem zuständigen Amtsgericht zugestellt.

In der psychiatrischen Klinik wird der Patient untersucht. Nach einer Frist von einem bis mehreren Tagen – dies ist in den einzelnen Bundesländern verschieden geregelt – muß der Amtsrichter ihn persönlich anhören, falls er sich nicht zu einer Behandlung auf freiwilliger Basis entschlossen hat. Der Richter trifft aufgrund einer persönlichen Anhörung, aufgrund des Polizeiberichts und aufgrund des ärztlichen Berichts eine Entscheidung über die Unterbringung. Falls der Richter die Auffassung vertritt, daß eine Unterbringung nicht erforderlich ist, muß der Patient entlassen werden.

Wie lange muß man im Krankenhaus bleiben?

Wenn das Gericht die Notwendigkeit der Unterbringung bestätigt, ist der Patient für eine bestimmte Frist untergebracht. Falls sich der Gesundheitszustand vor Ablauf dieser Frist entscheidend bessert, muß der Patient vorher aus der Unterbringung entlassen werden. Ist der Krankenhausaufenthalt nach Ablauf der Unterbringungsfrist weiterhin notwendig, muß der Richter dies nach einem ärztlichen Gutachten und nach persönlicher Anhörung des Betroffenen erneut entscheiden.

Jeder Patient hat während des gesamten Verfahrens das Recht, beim Gericht gegen seine Unterbringung Beschwerde einzulegen. Er kann sich dabei von einem Rechtsanwalt vertreten lassen, wenn er glaubt, zu Unrecht untergebracht zu sein. Unberechtigte Anträge auf Unterbringung werden allerdings nur selten gestellt. Die meisten Patienten erkennen die Notwendigkeit der Behandlung nach wenigen Tagen, wenn die bedrohlichen Wahnvorstellungen, meist Verfolgungsängste, abgeklungen sind. Die Behandlung kann dann auf freiwilliger Basis weitergeführt werden.

Betreuungsrecht

Bei Betreuungsmaßnahmen geht es nicht um die Sicherung der Rechte der Allgemeinheit, sondern um die Wahrung der Interessen von hilfsbedürftigen Personen.

Ein Betreuer kann bestellt werden, wenn eine volljährige Person wegen einer psychischen Krankheit, einer geistigen oder einer körperlichen Behinderung ihre Angelegenheiten nicht mehr erledigen kann. Dies kann der Fall sein, wenn ein Patient in seiner Wohnung kostspielige Sicherungsanlagen einbauen läßt, um sich vor seinen vermeintlichen Verfolgern zu schützen, und sich nicht behandeln läßt. Dieser Patient trifft wichtige Entscheidungen unter dem Einfluß der Krankheit und nicht aufgrund vernünftiger Überlegungen.

In der Regel werden Angehörige oder Freunde die Bestellung eines Betreuers anregen. Dies geschieht schriftlich beim zuständigen Vormundschaftsgericht am Amtsgericht. Sinnvoll ist es, der Anregung zur Bestellung eines Betreuers ein ärztliches Attest beizulegen, das die Diagnose und die Begründung der Betreuungsbedürftigkeit enthalten sollte. Wenn die Behandlung auf einer geschlossenen psychiatrischen Station notwendig ist, muß zusätzlich zur Betreuung die Genehmigung zur geschlossenen Unterbringung beantragt werden.

Der zuständige Richter muß sich aufgrund der ihm vorliegenden Informationen und aufgrund einer persönlichen Anhörung des Betroffenen ein Urteil über die Notwendigkeit der Betreuung und der geschlossenen Unterbringung bilden. Vor der endgültigen Entscheidung über die Bestellung eines Betreuers holt der Richter ein Sachverständigengutachten ein.

Das Betreuungsrecht bestellt einer hilfsbedürftigen Person einen Helfer für einen jeweils eng definierten Aufgabenkreis, zum Beispiel für die Regelung der Finanzen, für die Zustimmung zur Heilbehandlung usw.

Schizophrenie, Psychopharmaka und Straßenverkehr

Die Leistungsfähigkeit eines Menschen kann durch Krankheiten und durch Medikamente beeinträchtigt werden. Aus dieser Erkenntnis heraus gab die Weltgesundheitsorganisation (WHO) bereits im Jahr 1956 erstmals »Richtlinien für die medizinische Untersuchung von Bewerbern um eine Kraftfahrerlaubnis« heraus. Die derzeit gültigen Regeln sind im »Gutachten Krankheit und Kraftverkehr« vom April 1985 niedergelegt.

Vorsicht: Autofahren ist bei psychotischen Erkrankungen rechtlich nicht erlaubt

Dieses Gutachten enthält auch Grundsätze für die Verkehrstauglichkeit bei schizophreniekranken Patienten. Demnach ist die Eignung zum Führen von Kraftfahrzeugen aller Klassen bei schweren akuten Schizophrenien ausgeschlossen. Zur Begründung wird angeführt, daß bei dieser Krankheit die Beurteilung der Realität und damit auch die Einschätzung von Verkehrssituationen erheblich beeinträchtigt sind. Der Kraftfahrer verhält sich unter Umständen in einer Art und Weise, die für die anderen Verkehrsteilnehmer unvorhersehbar ist. Auch durch Störungen der Konzentration und des Antriebs nach Abklingen der akuten Symptome ist die allgemeine Leistungsfähigkeit herabgesetzt.

Wahnsymptome und Halluzinationen können die Fähigkeit, ein Fahrzeug zu lenken, deutlich beeinträchtigen

Wer einmal an einer schweren Schizophrenie erkrankt war, ist zeitlebens ungeeignet zum Führen von Kraftfahrzeugen, die der Fahrgastbeförderung dienen. In der Regel gilt das auch für andere Fahrzeuge, die einen Führerschein der Klasse 2 erfordern. Für einen Omnibusfahrer bedeutet dies, daß er seinen Beruf aufgeben muß. Auch Fernfahrer sind in aller Regel gezwungen, sich eine andere Beschäftigung zu suchen.

Sechs Monate nach Abklingen der akuten psychotischen Erkrankung kann der Patient wieder Kraftfahrzeuge der Klassen 1, 3, 4 und 5 führen. Hierzu ist es allerdings erforderlich, daß zu diesem Zeitpunkt keine schweren Symptome mehr bestehen. Insbesondere gilt dies für Wahnsymptome, für Beein-

trächtigungen der Selbstkritik, aber auch für ausgeprägte Antriebs- und Konzentrationsstörungen.

Wenn innerhalb von zehn Jahren erneut eine schwere akute Krankheit auftritt, darf der betreffende Patient im Anschluß daran in der Regel drei bis fünf Jahre lang kein Kraftfahrzeug mehr führen. Nach mehr als zehn Jahren wird eine Wiedererkrankung wie eine Ersterkrankung bewertet.

Diese Richtlinien erscheinen zunächst einmal ausgesprochen streng, da Kraftfahrzeuge in unserer Gesellschaft eine große Bedeutung haben und mangelnde Fahrtauglichkeit geradezu als Makel gilt. Man sollte sich jedoch vor Augen führen, daß die Allgemeinheit ein berechtigtes Interesse an der Verkehrssicherheit hat und der Gesetzgeber dieses Interesse höher bewerten muß als das Interesse des einzelnen, mit Hilfe eines Kraftfahrzeugs beweglich zu sein.

In der Regel erfährt die Verwaltungsbehörde von einer schizo-phrenen Erkrankung und Behandlung in einem psychiatrischen Krankenhaus nur dann etwas, wenn diese Behandlung gegen den Willen des Betroffenen durchgeführt wurde oder im An-schluß an einen schweren Verkehrsunfall erforderlich war. In-sofern ist für jeden Patienten die Versuchung groß, Auto zu fah-

ren, obwohl er nach den geltenden Richtlinien nicht fahrtauglich ist. Wer sich so verhält, spielt jedoch mit dem Feuer. Wenn es tatsächlich zu einem Verkehrsun-fall kommt und der Unfallgegner zufällig von einem erst kurze Zeit zurückliegenden Krankenhausaufent-halt erfährt, kann er dies bei einer etwaigen Gerichts-verhandlung geltend machen. Unter diesen Umstän-den droht nicht nur eine Geldstrafe, es ist auch damit zu rechnen, daß die Haftpflichtversicherung für den Unfallschaden nicht aufkommt. Aus diesen Gründen sollte jeder verantwortungsbewußte Patient sich an die hier skizzierten Richtlinien halten.

Psychopharmaka und Verkehrstauglichkeit

Nicht nur die Medi-kamentenwirkung als solche, sondern auch die eingeschränkte Konzentrations- und Reaktionsfähigkeit während einer schwe-ren psychischen Krise können die Fahrtüchtig-keit beeinträchtigen

Bekanntlich können auch Psychopharmaka die Verkehrstaug-lichkeit beeinträchtigen. Hierbei lassen sich jedoch keine fe-sten Richtlinien aufstellen, da Neuroleptika oder auch Antide-pressiva sehr unterschiedlich vertragen werden. Es kann nur der behandelnde Arzt entscheiden, ob der Patient durch die Medikamente so weit beeinträchtigt ist, daß er vorübergehend nicht Auto fahren sollte. Insbesondere sollte auf Alkohol ganz verzichtet werden, da das übliche eine Glas Bier oder Wein durch die Medikamente eine weitaus stärkere Wirkung zeigen kann als sonst.

Grundsätzlich sollte jeder Patient die Frage der Verkehrstaug-lichkeit mit seinem behandelnden Arzt bereden und ihn bitten, seine Einschätzung der Verkehrstauglichkeit im Krankenblatt oder in der Karteikarte niederzulegen.

Kapitel 6

Die moderne Psychiatrie

Viele Menschen verbinden mit Psychiatrie immer noch Vorstellungen wie: »Da werde ich in eine Zwangsjacke oder in eine Gummizelle gesteckt.« Oder die Angst kommt hoch: »Wenn ich da reingehe, dann heißt das, daß ich vielleicht geisteskrank bin und nie wieder herauskomme.« Diese Vorurteile werden immer wieder gespeist durch Filme, die diesen Bereich benutzen, um Horror und Nervenkitzel zu erzeugen. Dies macht zwar die Filme vielleicht spannender, dient aber nicht denjenigen, die eine psychiatrische Behandlung wirklich brauchen. Hier wird dann eine falsche Realität vorgespielt, die es den Betroffenen schwermacht, Hilfe schnell und früh genug anzunehmen. Daher wollen wir in diesem Abschnitt kurz schildern, wie eine qualitativ gute psychiatrische Behandlung tatsächlich aussieht.

In der modernen psychiatrischen Behandlung droht weder Gummizelle noch Zwangsjacke

Was passiert in einer psychiatrischen Klinik?

Nehmen wir an, Sie oder ein Angehöriger haben die eingangs beschriebenen Phänomene erlebt: Stimmen, die plötzlich im Kopf zu hören waren, das Gefühl, daß sich die ganze Umgebung verändert hat, oder das Gefühl, daß die Autonummern, die Farben der Ampeln oder andere Beobachtungen keine Zufälle sind, sondern Botschaften beinhalten.
Wenn Sie dann sofort einen Psychiater oder die Poliklinik einer psychiatrischen Klinik aufsuchen, werden Sie, am besten auch die Angehörigen, befragt, welche Symptome zusätzlich noch zu

erkennen sind. Sie werden gebeten, einen Überblick über Ihr Lebensumfeld zu geben, um mögliche Problemfelder oder Überlastungen zu erkennen.

Ganz wichtig für Sie ist der Ausschluß möglicher gefährlicher körperlicher Erkrankungen wie Hirntumore, Hirnhautentzündungen und schwerwiegende Stoffwechselerkrankungen, die manchmal psychische Symptome zeigen und sich noch nicht durch körperliche Warnzeichen bemerkbar gemacht haben. Diese Erkrankungen müssen dann schnell behandelt werden.

Finden sich keine körperlich begründbaren Ursachen, so wird der Psychiater mit Ihnen und Ihren Angehörigen besprechen, welche Maßnahmen weiter zu ergreifen sind. Je nach Bedrohlichkeit der Symptome sind das:

- Krankschreibung und psychotherapeutische Gespräche zur Entlastung,
- Einweisung auf die offene Station In einer psychiatrischen Klinik, wenn die einfache Entlastung nicht mehr ausreicht. Dort führen die Entbindung von allen Pflichten des Lebensalltages und die therapeutischen Aktivitäten (Einzel- und Gruppengespräche, Beschäftigungs- und Bewegungstherapie usw.) oft schnell zu einer Stabilisierung. Meist ist es auch ratsam, zur schnelleren Besserung geeignete Medikamente einzunehmen.
- Einweisung auf eine Akutstation, die meist abgeschlossen ist oder wo eine gute Überwachung gewährleistet ist, wenn die Symptome lebensbedrohlich sind, zum Beispiel wenn Stimmen auffordern, sich etwas anzutun, oder Verfolgungsideen ein solches Ausmaß annehmen, daß der Betroffene sich nicht mehr in der Realität zurechtfindet und sogar das Krankenhaus als Teil eines Komplottes gegen sich erlebt. Nur in solchen lebensbedrohlichen Fällen darf eine Person auch gegen ihren Willen und gegen ihre Überzeugung in der Klinik festgehalten werden. In dieser Situation wird vom Fachpersonal versucht, durch beruhigende Gespräche den

betreffenden Menschen in die Realität zurückzuholen. Medikamente werden meist in dieser Situation angeboten, dürfen jedoch nicht zwangsverabreicht werden. Die meisten bedrohlichen Situationen lassen sich so entschärfen.

Die psychiatrische Notfallbehandlung

In ganz wenigen Fällen, bei etwa drei Prozent der Betroffenen, läßt sich die wahnhafte Symptomatik, die dann oft mit einer unbändigen Erregung einhergeht, nicht beruhigen. Patienten versuchen in solchen Extremsituationen, aus dem Fenster zu springen oder sich aufgrund von befehlsartigen Stimmen zu verletzen, oder sie greifen Mitpatienten und Fachpersonal tätlich an. Durch die wahnhafte Verkennung der Situation haben sie oft den Eindruck, selbst in einer lebensgefährlichen Situation zu sein, gegen die sie sich mit aller Kraft wehren müssen. Nur in solchen Situationen dürfen Medikamente zwangsweise verabreicht und darf jemand auf seinem Bett mit Gurten um Bauch, Hände und Füße für wenige Stunden festgehalten werden, bis die Panik und Verkennung der Situation abgeklungen sind oder die Medikamente ihre beruhigende Wirkung entfaltet haben.

Diese Prozedur steht unter enger Rechtsaufsicht, beispielsweise muß ein Pflegeprotokoll angelegt werden, aus dem hervorgeht, daß der Patient regelmäßig angeschaut und nicht allein gelassen wird.

Die psychiatrische Notfallbehandlung unterscheidet sich im Prinzip nicht von den Maßnahmen bei schwersten körperlichen Erkrankungen. Der Patient braucht zunächst Beruhigung, wenn lebensbedrohliche Folgeschäden zu vermuten sind. Dazu sind meistens Medikamente notwendig. Auch ein Patient mit vielen Knochenbrüchen oder einem schmerzhaften Gallenstein wird erst einmal mit Schmerzmitteln »ruhiggestellt«, um weiteren Schaden zu vermeiden.

Die Strategien der psychiatrischen Notfallbehandlung unterscheiden sich im Prinzip nicht von denen bei körperlichen Erkrankungen. Je länger abgewartet wird oder je später die Krankheit behandelt werden kann, desto massivere Maßnahmen sind notwendig, um den Krankheitsprozeß noch aufhalten zu können. Diese Extremfälle kommen erfreulicherweise recht selten vor und wären eigentlich völlig zu vermeiden durch Früherkennung und frühe Behandlung. Wichtig ist demnach, die Angst und hohe Hemmschwelle vor der Psychiatrie abzubauen und eine realistische Einschätzung zu gewinnen, um so die positiven Hilfemöglichkeiten rechtzeitiger nutzen zu können.

Anhang

Frühwarnzeichen

Frühwarnzeichen sind Streßzeichen, die jeder von uns kennt, die wir aber meistens übersehen oder nicht berücksichtigen. Doch diese Streßzeichen können Warnzeichen für Überlastungen sein. Wenn wir lernen, diese Streßzeichen wahrzunehmen und darauf zu achten, werden sie zu Frühwarnzeichen, die uns rechtzeitig auf eine Überlastungssituation hinweisen. Streßzeichen sind individuell verschieden. Jeder Mensch kann eine Liste seiner persönlichen Streß- und Belastungszeichen zusammenstellen.

Im folgenden finden Sie eine Liste von Streßzeichen, die von Betroffenen gesammelt wurde:

- Angespannt sein, Nervosität
- Konzentrationsschwierigkeiten
- Innere Unruhe
- Veränderungen im Tagesablauf
- Schlafstörungen, Einschlaf- und Durchschlafstörungen
- Schwäche und Schlappheit
- Körperliche Veränderungen wie Kopfdruck, Kopfschmerzen, Rücken- und Magenschmerzen
- Leistungsabfall im Beruf
- Weniger Freude und Interesse an Dingen
- Rückzug von Freunden
- Vernachlässigung der persönlichen Hygiene
- Zunahme des Zigaretten- und/oder Alkoholkonsums
- Appetitverlust oder Heißhunger
- Gereiztheit, sich über Kleinigkeiten aufregen
- Belastende Träume

Frühwarnzeichen

- Mißtrauen, Zunahme an Angst
- Zwanghafte Gedanken
- Sich ohne Grund schlecht fühlen
- Beeinflussungsgedanken; die Vorstellung, von außen kontrolliert zu werden
- Vorstellungen, daß alles zu schwer wird, bis zu Selbstmordgedanken
- Alles auf die eigene Person beziehen
- Fremdartige Eingebungen haben
- Fremdartige Wahrnehmungen haben

Stellen Sie aus dieser Liste Ihre individuellen Frühwarnzeichen zusammen, und ergänzen Sie Ihre persönliche Liste mit den eventuell noch für Sie zutreffenden Symptomen. Dann bringen Sie sie in eine Reihenfolge: angefangen von leichten Streßzeichen bis hin zu deutlichen oder kaum noch zu ertragenden Streßzeichen.
Schreiben Sie an den Rand, was zu tun ist, falls diese Streßzeichen auftauchen:

- Bei den leichten Streßzeichen: Was kann ich tun, um wieder etwas ruhiger und gelassener zu werden?
- Bei den mittelstarken Streßzeichen: Welchen Streß kann ich in der nächsten Zeit abbauen oder vermeiden? Was hilft mir? Wie kann ich wieder zu Kräften kommen? Eventuell mit meinem Arzt/meinem Therapeuten sprechen.
- Bei schweren Streßzeichen: sofort einen Termin mit meinem Therapeuten/meinem Arzt verabreden, jede weitere Anspannung vermeiden.

Falls Sie Medikamente nehmen, sollten Sie sich fragen, ob Sie die Einnahme vergessen haben. Falls ja, dann sofort wieder die verschriebene Dosis einnehmen und mit dem Arzt Kontakt aufnehmen.

Wir empfehlen, daß jeder Betroffene diese Liste mit Freunden und Angehörigen bespricht, damit auch die Menschen, zu denen ein guter Kontakt besteht, helfen können, auf Frühwarnzeichen zu achten.

Ihre persönlichen Frühwarnzeichen

1. ....
2. ....
3. ....
4. ....
5. ....
6. ....
7. ....

Notfallkoffer

Falls Frühwarnzeichen beobachtet werden, können die hier aufgelisteten Möglichkeiten in einer Notsituation Hilfe leisten. Bitte fügen Sie Ihre individuellen Hilfen und Helfer, die Ihnen zur Verfügung stehen und mit denen Sie gute Erfahrungen gemacht haben, hinzu.

Sofortmaßnahmen: Gespräche
Liste anlegen von Telefonnummern der Vertrauenspersonen.

Private Helfer: Angehörige, gute Freunde, die man in einer Notfallsituation anrufen kann.
Holen Sie sich die Erlaubnis dazu möglichst frühzeitig ein, und sprechen Sie mit Ihren Freunden ab, was diese dann tun sol-

len, damit in einer eventuellen Krise schnell und kompetent gehandelt werden kann. So können Sie ihnen sagen, daß bei leichten Streßzeichen ein Gespräch unter Umständen reicht. Bei deutlichen Streßzeichen ist vielleicht Hilfestellung bei einer Notfalleinweisung ins Krankenhaus notwendig, letzteres zum Beispiel bei Selbstmordstimmung und bei Stimmen, die Selbstmord oder Selbstzerstörung befehlen.

Institutionelle Helfer: Hausarzt, Psychiater, Psychotherapeut, Beratungsstelle. Außerhalb deren Sprechzeiten: Notarzt, diensthabender Arzt der psychiatrischen Klinik, Polizei, Telefonseelsorge.

Wenn Gespräche nicht ausreichen
- Ambulanz der Klinik aufsuchen. Die Adresse gut erreichbar notieren, ebenso die Telefonnummer der Taxizentrale.
- Medikamente zur Beruhigung verlangen. Schlimmstenfalls den Notarzt fragen.

Längerfristige Maßnahmen
- So schnell wie möglich einen Facharzt oder Therapeuten aufsuchen und nicht Freunde und Angehörige zu lange belasten. Sie haben meist nicht die spezifischen Hilfsmöglichkeiten, die notwendig sind, um eine Krisensituation schnell und kompetent zu entschärfen.
- Zur Ruhe kommen. Belastungen aus dem Weg gehen: Prüfungen, Termine, anstrengende Verabredungen und Besuche absagen oder verschieben. Sich für ein paar Tage krankschreiben lassen.
- Den Schlaf-Wach-Rhythmus strikt einhalten, auf regelmäßige ausgewogene Ernährung achten, Ruhepausen einlegen.
- Strikter Verzicht auf Alkohol, Drogen, aber auch auf übermäßigen Kaffee- und Nikotinkonsum.

Ihre persönlichen Telefonliste für den Notfall

Angehörige/Freunde: ....

....

....

....

Arzt: ....

Therapeut: ....

Klinik: ....

Ärztlicher Notdienst: ....

Polizei: ....

Telefonseelsorge: ....

Taxizentrale: ....

Literatur

Anstadt, S.: *Alle meine Freunde sind verrückt. Das Leben eines jungen Schizophrenen.* Bericht einer Mutter. Piper Verlag, 1992.

Arieti, S.: *Schizophrenie, Ursachen, Verlauf, Therapie. Hilfen für Betroffene.* Piper Verlag, 1990.

Bäuml, Josef: *Psychosen aus dem schizophrenen Formenkreis. Ein Ratgeber für Patienten und Angehörige.* Springer Verlag, 1994

Bock, Thomas/Deranders, J. E./Esterer, Ingeborg: *Stimmenreich. Mitteilungen über den Wahnsinn.* Psychiatrie Verlag, 1993.

Böker, Wolfgang/Brenner, Hans Dieter: *Behandlung schizophrener Psychosen.* Enke Verlag, 1997.

Deger-Erlenmaier, H./Titze, E./Walter, K.: *Jetzt will ich's wissen. Rat und Hilfe für Angehörige psychisch Kranker.* Psychiatrie Verlag, 1996

Dörner, Klaus/Egetmeyer, A. /Könning, K.: *Freispruch der Familie.* Psychiatrie Verlag, 1991.

Familien helfen sich selbst. Ein Leitfaden für Angehörige psychisch Kranker, 1992. Bundesverband der Angehörigen psychisch Kranker, Thomas-Mann-Str. 49A, 53127 Bonn.

Faust, Volker: *Schizophrenie. Erkennen und Verstehen in Fragen und Antworten.* Arcis Verlag, 1996.

Finzen, Asmus: *Der Verwaltungsrat ist schizophren. Die Krankheit und das Stigma.* Psychiatrie Verlag, 1996.

Finzen, Asmus: *Medikamentenbehandlung bei psychischen Störungen. Leitlinien für den psychiatrischen Alltag.* Psychiatrie Verlag, 1992.

Finzen, Asmus: *Schizophrenie. Die Krankheit verstehen.* Psychiatrie Verlag, Bonn 1993.

Freyberger, Harald/Stieglitz, Rolf-Dieter: *Kompendium der Psychiatrie und Psychotherapie.* Karger Verlag, 1996.

Hahlweg, Kurt u. a.: *Familienbetreuung schizophrener Patienten. Ein verhaltenstherapeutischer Ansatz zur Rückfallprophylaxe. Konzepte, Behandlungsanleitung, Materialien.* Beltz Verlag, 1995.

Anhang

Knuf, Andreas/Gartelmann, Anke: *Bevor die Stimmen wiederkommen. Vorsorge und Selbsthilfe bei psychotischen Krisen.* Psychiatrie Verlag, 1997.

Luderer, Hans Jürgen: *Schizophrenien. Ratgeber für Patienten und Angehörige.* Trias Verlag, 1989.

Romme, Marius/Escher, Sandra: *Stimmenhörer. Stimmenhören akzeptieren.* Psychiatrie Verlag, 1997.

Stark, Arnold: *Verhaltenstherapeutische und psychoedukative Ansätze im Umgang mit schizophren Erkrankten.* DGVT Verlag, 1996.

Stark, Michael/Esterer, Ingeborg/Bremer, Fritz: *Ich bin doch nicht verrückt. Erste Konfrontation mit psychischer Krise und Erkrankung.* Psychiatrie Verlag, 1997.

Stark, Michael/Esterer, Ingeborg/Bremer, Fritz: *Wege aus dem Wahnsinn. Therapien für psychische Erkrankungen.* Psychiatrie Verlag, 1995.

Wienberg, Günther/Schünemann-Wurmthaler, Sibylle/Sibum, Bernhard: *Schizophrenie zum Thema machen. Psychoedukative Gruppenarbeit mit schizophren und schizoaffektiv erkrankten Menschen.* Psychiatrie Verlag, 1995.

Register

Die Autoren:
• Prof. Dr. med. Dipl.-Psych. F.-Michael Stark
Leiter des Bereichs »Klinische Sozialpsychiatrie«, Klinik für Psychiatrie und
Psychotherapie des Universitätskrankenhauses Hamburg-Eppendorf.
• Prof. Dr. med. Gerd Buchkremer
Direktor der Klinik für Psychiatrie und Psychotherapie
der Universität Tübingen.
• Hans-Jürgen Claußen
Soziologe, Vorstandsmitglied des Bundesverbandes
der Psychiatrie-Erfahrenen.
• Dr. Ingeborg Esterer
Journalistin, Angehörige, Mitinitiatorin der Psychoseseminar-Bewegung.
• Prof. Dr. phil. Dipl.-Psych. Kurt Hahlweg
Direktor der Abteilung für klinische Psychologie
der Universität Braunschweig.
• Prof. Dr. med. Hans-Jürgen Luderer
Ärztlicher Direktor, Zentrum für Psychiatrie Weinsberg.
• Prof. Dr. med. Dieter Naber
Direktor der Klinik für Psychiatrie und Psychotherapie
des Universitätskrankenhauses Hamburg-Eppendorf.

Fotonachweis:
IFA Bilderteam/Aberham: 9; -/Amadeus: 3 u., 44; -/Becker: 77; -/Digul: 17;
-/Disc: 43; -/Forkel: 63; -/Glück: 7; -/Graf: 31; -/Hasenkopf: 3 o., 27;
-/Jakob: 71; -/Lahall: 53; -/Lecom: 13; -/Rauch: 2 u., 55; -/Reinhard: 66;
-/Travel Pix: 81; -/West Stock: 47
T. Stone Bilderwelten/Beatty: 85; -/Harvey: 68; -/Olson: 2 o., 82

Redaktion: Monika König, Christine Stecher
Umschlagkonzeption: Design Team München
Umschlagfoto: Bavaria/TCL

Der Mosaik Verlag ist ein Unternehmen
der Verlagsgruppe Bertelsmann

© 1998 Mosaik Verlag GmbH, München / 5 4 3 2 1
Satz: Alinea GmbH, München
Druck: Alcione, Trento
Bindung: Ecoprint, Lavis-Trento
Printed in Italy
ISBN 3-576-10775-4